中核集团战略与管理咨询委重大问题研究成果
中核智库战略规划研究成果

先进数字信息技术与核能产业深度融合发展战略研究

先进数字信息技术与核能产业
深度融合发展战略研究课题组 著

中国原子能出版社

图书在版编目（CIP）数据

先进数字信息技术与核能产业深度融合发展战略研究/先进数字信息技术与核能产业深度融合发展战略研究课题组著. — 北京：中国原子能出版社，2022.3（2025.5重印）
ISBN 978-7-5221-0987-9

Ⅰ. ①先… Ⅱ. ①先… Ⅲ. ①数字技术-应用-核能工业-产业融合-经济发展战略-研究-中国 Ⅳ. ①F426.23

中国版本图书馆 CIP 数据核字（2022）第 023339 号

内容简介

本书研究定位于民用核能领域，选取中核集团产业链具有一定信息化基础，且迫切需要推进数字信息化深度融合提升信息化水平和生产效率的单位和领域，研究范围涵盖智慧核电、核燃料元件智能制造、核燃料智慧物流和数字铀矿山，通过总结目前发展现状、基础条件及存在的问题，对数字核能进行整体设计，提出发展目标和整体思路，谋划“十四五”期间及中长期在各领域发展的主要任务，提出数字信息技术与核能产业深度融合的政策建议，为推进先进数字信息技术与核能产业链的全面融合提供参考，为核工业、中核集团产业经济高质量发展提供有力支撑。

先进数字信息技术与核能产业深度融合发展战略研究

出版发行	中国原子能出版社（北京市海淀区阜成路 43 号　100048）		
策划编辑	韩　霞		
责任编辑	韩　霞		
责任校对	宋　巍		
责任印制	赵　明		
印　　刷	北京厚诚则铭印刷科技有限公司		
开　　本	787 mm×1092 mm　1/16		
印　　张	13. 75	**字　　数**	180 千字
版　　次	2022 年 3 月第 1 版　2025 年 5 月第 3 次印刷		
书　　号	ISBN 978-7-5221-0987-9	**定　　价**	**80. 00 元**

发行电话：010-68452845

课 题 组 成 员

组　长： 邱建刚	中核集团战略与管理咨询委员会	研究员级高工
成　员： 毋　涛	中核集团战略与管理咨询委员会	研究员级高工
刘　巍	中核集团战略与管理咨询委员会	研究员级高工
程慧平	中核集团战略与管理咨询委员会	研究员级高工
韩瑞平	中核集团战略与管理咨询委员会	研究员级高工
王黎明	中核集团战略与管理咨询委员会	研究员级高工
钟　杰	中核集团战略与管理咨询委员会	研究员级高工
白云生	中核战略规划研究总院	研究员级高工
张　明	中核战略规划研究总院	研究员级高工
执笔人： 刘　秀	中核战略规划研究总院	高　工
周超然	中核战略规划研究总院	高　工
联系人： 石　宏	中核集团战略与管理咨询委员会秘书	

前言

当前，以信息化、智能化为典型特征的新一轮科技革命正在蓬勃发展，以大数据、云计算、新一代移动通信、物联网、人工智能为代表的数字化信息化技术正在与核工业全产业链深度融合，不断创新形成新产业、新业态、新模式。未来几年，我国将迎来先进数字信息技术与产业经济融合发展爆发期。

本研究坚持“与发展战略方向相结合、与承接国家规划要求相结合、与核工业数字信息发展实际相结合”，培育典范、树立标杆、示范带动。研究范围涵盖智慧核电、核燃料元件智能制造、燃料智慧物流、数字铀矿山等领域。对标同行业数字信息技术融合发展趋势，分析了核能产业数字信息融合基础条件与存在的主要问题，提出了数字信息融合发展的目标、思路、主要任务的建议。争取为中核集团及各成员单位制定具体的实施方案提供参考，为中核集团新时代“三位一体”战略目标的实现做贡献。

本研究由中核集团战略与管理咨询委员会牵头，战略规划总院承担，中国核电、中国原子能、中国铀业、中核浦原、核动力院、中核工程、原子能院等单位参与。在此，向上述单位及参与课题研究的同志们表示衷心的感谢！限于篇幅要求，现将主报告及部分专题报告编辑出版，因课题组水平有限，错误在所难免，恳请读者批评指正。

2022 年 5 月

目 录

先进数字信息技术与核能产业深度融合发展战略研究

核工业是高科技战略产业，是国家安全的重要基石。我国建立了只有世界上少数国家才拥有的完整的核科技工业体系，实现了核能大规模和平利用，为增强国家经济综合实力，保障国家能源安全，提高人民生活水平作出了积极贡献。全球新一轮科技革命和产业快速变革，信息化和工业化深度融合是大势所趋，对推动我国经济转型升级、重塑国际竞争新优势具有重大战略意义。当前以“人工智能、移动智能终端、大数据、区块链”等技术为代表的先进数字信息技术更新迭代很快，已广泛应用于国民经济各领域，对生产生活方式变革、提高发展效率具有强大推动力。

2021 年政府工作报告指出，《国民经济和社会发展第十四个五年规划和 2035 年远景目标纲要（草案）》中要求“加快数字化发展，打造数字经济新优势，协同推进数字产业化和产业数字化转型”。中央全面深化改革委员会第十四次会议审议通过了《关于深化新一代信息技术与制造业融合发展的指导意见》，为我国两化融合指明了方向。国务院国资委为打造数字经济新优势等决策部署，促进国有企业数字化、网络化、智能化发展，增强竞争力、创新力、控制力、影响力、抗风险能力，提升产业基础能力和产业链现代化水平，颁布了《关于加快推进国有企业数字化转型工作的通知》，部署加快推进国有企业数字化转型工作的有关事项。工业和信息化部发布了《关于推动工业互联网加快发展的通知》，推进信息技术与制造业的深度融合。国家国防科技工业局在《核工业“十四五”发展规划思路》中要求“积极拓展人工智能、大数据、区块链等新兴技术在核工业的应用”。在“十四五”期间，我国将迎来先进数字信息技术与产业经济融合发展爆发期。

当前，核工业信息化手段建设滞后，核能行业数字化发展仍然在起步阶段，推进先进数字信息技术与核能产业的深度融合，加速数字化转型是提升核能行业水平的有效途径。亟需抓住先进数字信息技术发展的浪潮，以建成智慧核电厂为着力点，加快发展布局，带动数字信息技术与铀矿勘探采冶、铀浓缩、核燃料元件制造、核电工程设计、核电项目管理、核电生产运维、销售、物流等环节深度融合。数字化转型将成为核能领域技术发展、产业创新的强劲助力。

本研究定位于民用核能利用领域，选取核产业链具有一定信息化基础，且迫切需要推进两化深度融合提升信息化水平和生产效率的单位和领域，研究范围涵盖智慧核电、核燃料元件智能制造、核燃料智慧物流、数字铀矿山，通过对标先进企业，总结自身存在的短板，提出数字信息技术与核能产业融合的政策建议，为推进先进数字信息技术与核产业链的全面融合提供参考，为核工业、中核集团“十四五”产业经济高质量发展提供有力支撑。

一、深度融合发展现状

（一）深度融合的必要性

1. 提升核能产业综合竞争力的必然选择

当前，国际竞争日益激烈，加快数字化转型，推进产业与数字信息技术的深度融合发展有利于加快高端工业软件、工业智能、关键设备等核心技术突破，掌握一批具有国际竞争力的杀手锏技术；

融合发展有利于推进数字产业链建设，为产业链各类主体、要素和环节赋能赋智，有效提升柔性生产与快速转产能力；融合发展有利于我国核能产业向形态更高级、分工更优化、结构更合理方向发展，构建以国内大循环为主体、国内国际双循环相互促进的发展新格局。

2. 提高产业效益、保障安全的有效途径

党的十九届五中全会提出要推动信息化和工业化深度融合，具体到核能领域，数字信息技术正在融入核能领域发展的各个方面，从科研、设计、制造、运行、安全保障到退役都离不开数字信息技术的支撑，深度推进融合有利于提升技术水平、提高效益和保障安全。信息系统、平台等技术的广泛应用将极大提升研发、生产效率，缩短项目周期，有效降低成本，控制工期。例如秦山二期，建设最初两个机组时，建设工期是 72 个月，到 3 号和 4 号机组时缩短为不到 60 个月，且投资控制较好，二代机组的比投资已经达到每千瓦 1.2 万元左右。这除了技术进步的因素，还得益于信息化应用。

3. 打破信息壁垒、实现精益化管理的需要

从当前核电工程项目管理实际的运作来看，几乎所有的参与单位都基本实现了信息化管理，但是由于信息传递过程中的壁垒，加之核电工程项目管理中的信息“孤岛”，项目信息难以得到真正的传递和共享，信息传递的效率、准确率难以保证，继而导致项目参与各方各自为政，难以在共同的项目目标下开展项目建设活动。通过与数字信息技术深度融合，打破信息壁垒，实现项目资源的统筹优化适用和项目全过程的精细化管理，将有利于提升核电工程项目建设的质量和效率。

4. 推进技术创新、促进转型升级发展的新动力

先进数字信息技术的发展加快推动我国经济结构调整和产业转

型升级，正在深刻改变着传统行业。核能领域具有较长的产业链，涉及技术领域较广。推进与先进数字信息技术的深度融合，打破信息壁垒，从整体需求出发，以问题为导向，将促进各环节技术创新，带动产业转型升级。通过运用动态的、发展的眼光和手段，去面对错综复杂的信息和盘根错节的矛盾，运用系统思维和数字信息手段解决问题，为新时期核能产业的发展带来新的动力和活力。

（二）同行业融合发展现状

各核能集团为加速数字化转型，推进信息技术与核能产业的深度融合，不断加强战略部署，推动信息化项目实施，已经取得了显著成效。根据调研，国家电力投资集团（下称“国电投”）和中国广核集团（下称“中广核”）两家兄弟集团在先进信息技术与核电融合发展近况：

1. 国电投全领域多维度推进深度融合发展

国电投十分重视先进数字信息技术与产业发展的融合建设，其长期发展的目标为：信息化水平达到国际能源行业先进水平、成为具有全球重要影响力的国际化综合能源企业集团。其“十三五”至“十四五”期间能源发展路径如图 1-1 所示。根据能源业务的实际情况，融合发展大致分为三个层次：业务为最底层；中间层是基于各项业务所搭建的信息化融合基础设施，这也是国电投“十三五”发展的重点；“十四五”期间，预计大力发展综合智慧能源。综合智慧能源主要是在其已有的信息化基础上，以智慧化为手段进行的信息资源集成和整合，最终根据不同业务发展的需要，统一提供综合性、定制化的能源信息技术服务，同时为智慧楼宇、智慧园区的打造提供基础。层次结构如图 1-2 所示。

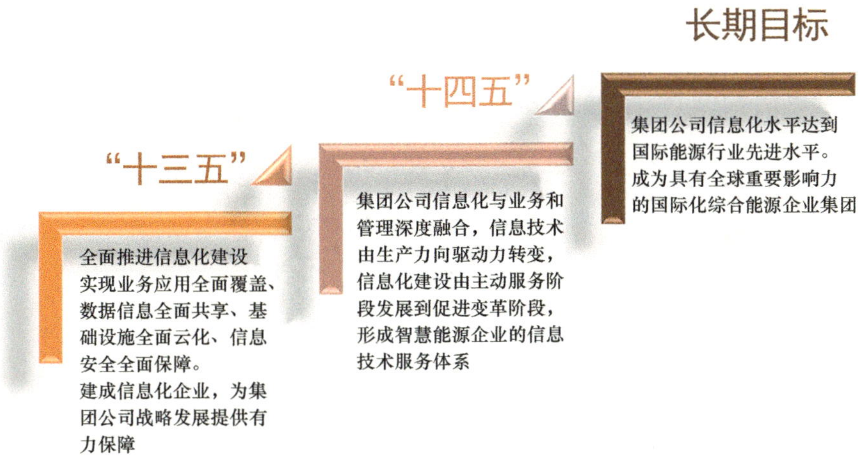

图 1-1　国电投融合发展路径

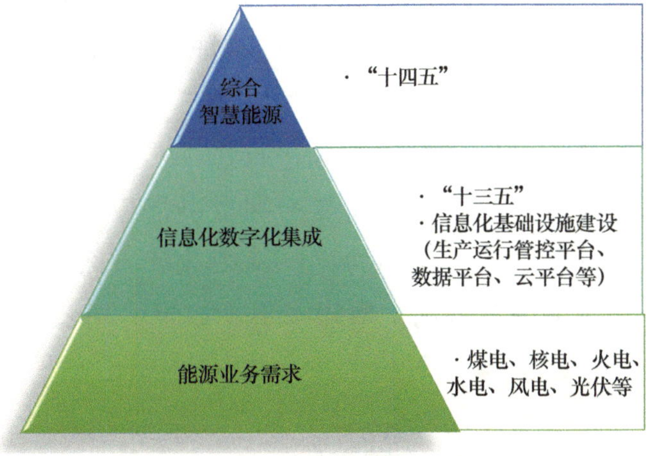

图 1-2　国电投融合发展层次结构图

2. 中广核大力推进"智慧核电"建设与物流信息化发展

中广核历来十分重视信息化建设工作，每年单列信息化预算。"十三五"和"十四五"的发展思路如图 1-3 所示。

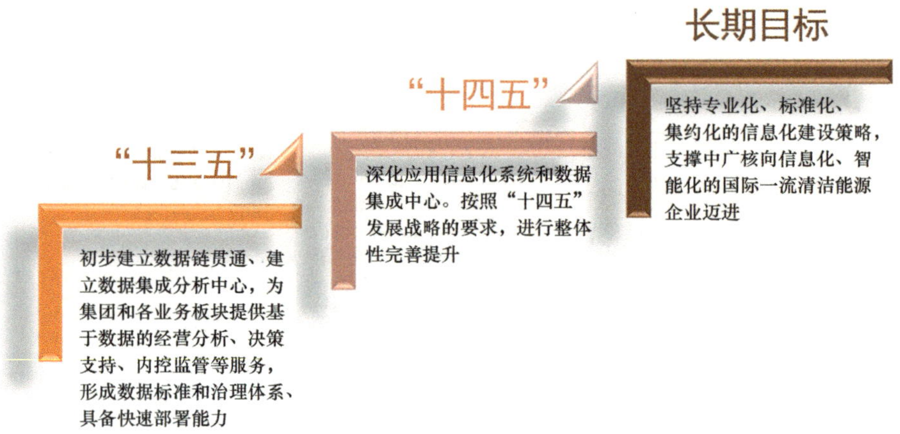

图 1-3　中广核融合发展路径

中广核“十三五”期间信息化的建设重点是深化信息系统应用、形成集团板块内的数据集成平台，实现业务和管理方面的协同运作、知识利用和决策支持的全面数字化、智能化，“十四五”期间预计将对“十三五”的建设基础进行进一步的完善和提升。其在先进数字信息技术与产业融合发展的侧重以搭建基于业务或管理需要的信息化系统、平台等设施为主，其中业务方面涵盖核电、智能制造、物流、新能源等方向，取得了不少成果，列表如图 1-4 所示。

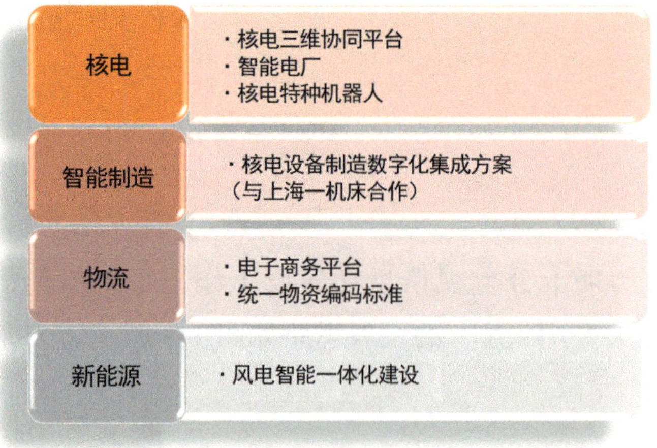

图 1-4　中广核近期融合发展成果汇总

3. 经验总结

一是集团化运作，集约化管理。国电投与中广核两集团总部统管顶层规划，统建基础设施。同时打造可复制的解决方案，实现资源复用，降低成员单位产业数字化技术门槛。

二是战略牵引，价值导向。国电投和中广核信息化发展过程具有延续性、战略性的特点，得益于充分的规划，信息化项目建设能适应各阶段企业业务发展的需求，并为企业创造新价值。企业信息化内部动力得到释放，信息化讨论的主要问题由“该不该上”转变为“要怎么上”。

三是试点先行，综合应用。国电投和中广核在先进信息技术与核能产业融合发展起步早，目前在核能领域的智能制造、智慧电厂、智慧物流等环节均有涉猎，部分环节已经建成示范项目。两家单位在两化融合发展方面并不只是侧重于核能产业，而更多的是运用于风能、水能、光伏等新能源、核能的综合能源体系，构建面向产业链上下游与行业的综合数字化智能化体系。

截至 2020 年底，根据公开资料中广核智能核电项目累计产生研发成果 73 项、发明专利 43 项、软件著作权 34 项、外部奖项 50 项、工信部示范项目 4 项，成果连续两年入围国资委中央企业信息化应用典型案例。国电投综合智慧能源项目投入 100 多名研发人员，研发出 9 类功能模块 49 项应用软件，300 个以上智能算法，面向各类综合智慧能源、智慧城市场景，提供专业的综合能源运营服务，为用户提供能源线上交易、用能分析等服务，提升用能体验，其产品正在多地应用部署；上海核工程研究设计院基于三代核电建设经验建立的智慧工程平台，其融合了工程管理及工程现场建设两大业务，整体架构覆盖核电建设全业务领域，目前已应用于三代核电项目建设。

二、基础条件及问题分析

（一）中核集团融合发展现状

结合实际情况，选择部分单位，对科研设计、生产制造及经营管理三大环节的融合现状进行了调研，对基础条件进行了梳理。

1. 科研设计建模仿真技术逐步推广

在科研设计环节，建模仿真技术逐步推广应用，核动力院、原子能院开展了数字反应堆项目的研发，中核工程、中核七院结合各自业务领域对项目工程涉及的建模仿真技术开展了研究工作。如表 2-1 所示。

表 2-1　科研设计领域部分单位融合发展现状

单位	发展现状
核动力院	1. 通过数字化反应堆综合研发平台项目，以“华龙一号”及其后续机型为对象，以多专业高精度耦合计算、三维协同设计为核心，开发“全流程、全生命周期、全三维、全仿真”的数字化核电厂，实现新型号的高效开发、核电厂的虚拟建造和虚拟运行，极大地提高了核电研究、设计、建造、运行效率和水平； 2. 初步完成核燃料及材料性能数值模拟系统建设、反应堆关键设备制造工艺仿真系统建设，完成燃料元件工艺数值仿真技术研究
原子能院	建成了“数字微堆”，采用三维建模、蒙卡方法、计算流体力学、屏蔽计算、燃料性能分析、系统瞬态分析、虚拟现实等技术，针对其微堆构建了一个虚拟集成开发环境，可进行微堆“沉浸式”全厂漫游和设备展示，以及对安装、首次临界、运行、应用、退役和安全等全方位模拟仿真，可为设计人员、建造人员、运行人员、维修人员、培训人员等各类人员带来“所见即所得”的真实体验

续 表

单位	发展现状
中核工程	1. 牵头的“数字核电”一期项目研究课题实施方案于 2019 年 4 月正式签字发布。为推进中核集团数字核电建设，按照科研与工程相结合、以科研成果促进工程建设水平提升的科研模式。 2. 设计领域已经建立覆盖核电工程设计全过程、全专业的设计信息管理系统。实现了设计计划统一管理和一体化管理；实现了设计提资、设计输入、设计验证到设计输入、设计审查、设计变更的设计全过程管理流程化；实现了设计过程文件、成品文件单一数据源的统一管理，可基本满足多种维度设计数据利用需要
中核七院	1. 成立了“离心铀浓缩工程技术研究中心”和“铀纯化转化工程技术研究中心”，并成为行业的仿真中心、数据中心。 2. 在铀浓缩工程数字化交付和数字化仿真方面，为未来开展数字孪生系统建设、预测性维护等工作奠定基础；在三维协同设计方面，形成了铀浓缩工程和铀转化工程专用元件库，针对多个工程开展了三维协同设计工作，形成了三维协同设计能力； 3. 以三维设计成果为依托，数字化交付为标准，开展相关研究工作，实现了模型、文件、工程参数的集成与智能关联，为工厂数字化应用与大数据分析提供技术储备与数据基础； 4. 在数字化仿真方面，形成铀浓缩工程数字化仿真能力，实现了铀浓缩工程主工艺系统的流程化仿真，仿真结果与实际运行数据和静态偏差小于 2%，动态变化趋势一致，可以用于铀浓缩工程的方案验证、人员培训、流程优化等方面； 5. 承接了中核陕西铀浓缩有限公司的主工艺仿真培训平台项目的开发工作，实现了铀浓缩工程仿真的科研成果转化

2. 生产制造信息化水平不断提升

在生产制造环节，先进数字信息技术与元件制造、零部件生产、车间控制等业务的深度融合，持续提升科研生产效率和质量控制水平。如表 2-2 所示。

表 2-2　生产制造领域部分单位信息技术融合发展现状

单位	发展现状
四川红华	通过项目的建设实施，实现了信息化对企业核心业务的支撑和应用覆盖，固化了企业工作流程、实现了人、财、物、资产、安全、档案、生产执行一体化的应用管理，加强了公司总部各部门之间、公司总部与各分厂之间的数据协同和共享、提高了业务规范性和便捷性、提高了工作效率，支撑了企业“三体系”模式运作，为数字化可持续发展奠定了基础，取得了较大进步，同时完成了总部巡检机器人、生产线巡检机器人全部建设内容
中核建中	1. 推进核燃料元件芯块、组装数字化车间建设工作，完成生产线系统开发集成部署工作。 2. 开展零部件数字化车间建设，完成需求调研分析及数据收集整理工作。 3. 开展 DNC 设备联网、通信系统、制造数据采集与分析系统的建设工作。 4. 基于现有核燃料元件生产管理信息系统，采用数据挖掘技术，开展对核燃料元件产品及主要中间产品的质量动态分析，具备质量超差提醒报警等功能
中核天津机械	开展关键部件及生产线的智能化改造，在完成端盖粗细加工生产线改造的基础上，完成了高性能缠绕机、铝筒组件自动化装配生产线及挡板自动化生产线数字化升级改造，完成高性能缠绕机监测信息的梳理及分类、铝筒装配过程梳理及技术调研、挡板生产关键技术分析
中核七院	依托装备预先研究、核能开发、中国原子能自主科研等科研项目，在浓缩工程仿真、三维协同设计、数字化交付、智能装备、故障诊断等数字化智能化业务方面开展研究工作，取得了一定成绩，形成了浓缩工程仿真能力。根据浓缩工程特点，建立了主机、补压机、压强调节装置、管道、阀门、供料箱、取料箱等多种设备的数学模型，将离散化后的数学模型内嵌到图形化仿真模块中，实现了浓缩工程的图形化建模仿真

续 表

单位	发展现状
中核科技	通过以 ERP 系统为核心，打通设计、供应链和生产环节，全面实现公司多工厂采购生产流程的信息互联。通过生产车间 MES 的建设，打通 ERP、PDM、SCM 和 MES 上层计划于下层控制之间的信息流，提高计划排产调度及生产现场综合管控能力，提高质量控制管理水平；通过与设备集成，打通底层操作设备信息流，提高自动化水平和柔性生产能力，实现生产全过程监控，质量全过程追溯。通过建设柔性装配单元，解决阀门离散型的装配形式，全面提升了装配管理水平

3. 经营管理信息系统及平台日益完善

中核集团自 2015 年开始着手通过物资编码标准化进一步推进采购管理建设，目前已经建立起一套完善的物资分类与编码标准。自福清核电 56 号项目开始，中核集团已经实现备品备件物资自电厂建设期至运行期的编码统一。集采平台方面，中核集团新电采平台于 2019 年 7 月 1 日上线，集各成员单位采购计划管理、网上寻源管理、供应商管理、合同及监督管理于一身，实现与集团各 ERP（企业资源计划）系统的数据对接需求。采供协同信息化方面，自 2012 年开始，中核工程开始建设采购管理系统，以 SAP 系统为平台，开展以物资编码（工程公司设备物资临时编码）为基础的设备采购计划、采购订单、合同履约、质量管理、进度管理、交付、支付的采购全过程的跟踪及管控。

在核电运行数字化方面，中核集团开展了较多的探索与实践，基本实现覆盖核电安全生产、经营管理的统建信息系统，初步形成两个企业级数据中心（秦山、福清），实现核电全板块商网和 IT 基础设施互联互通。2017 年，根据数字核电专项工作安排，中核工程和福清核电联合编制发布了《核电工程数据移交管理规范》；

2018年至2019年，中核工程和福清核电以《核电工程数据移交管理规范》为基础联合编制发布了《“华龙一号”示范工程数据交付实施方案》并启动了“华龙一号”示范工程数据交付试点，积极推动工程侧与运行侧的数据架构对接。2020年，为全面支撑工程领域的数字化交付，采购、施工、调试等领域启动了信息系统改造方案的编制工作，中核工程和福清核电启动了《“华龙一号”示范工程数据交付标准》的编制工作和工程数据移交平台的开发工作。如表2-3所示。

表2-3　经营管理领域部分单位融合发展现状

单位	发展现状
中国铀业	1. 通过地质勘查信息化数据标准建设、全国铀矿基础数据库更新（依托全国铀矿资源潜力评价项目）、航空放射性测量成果数据管理系统开发、砂岩型铀矿GIS评价系统研发、铀矿数字勘查（QuantyU）系统设计与开发等一系列项目的实施，铀矿勘查工作中地质、物化探工作基本实现了数字化；配套研发、建设了数字铀矿勘查系统、数字化仪器设备和中核地质基础数据库等信息化系统，自动化、数字化水平逐步提高，较大地提升了勘查工作效率、质量和水平。 2. 依托多年铀矿采冶工艺设计和生产自动化系统建设经验，开展了蒙其古尔一二期自动化和信息化工程建设、巴彦乌拉自动化与生产数据管理系统建设和天山铀业数字化绿色矿山建设等大量铀矿山数字化技术及应用研究，提升了天然铀企业数字化程度和信息化管理水平
中核工程	1. 目前采供储一体化管理平台已经覆盖核电设备采购90%以上的主要业务环节，应用范围涵盖了16个核电项目。主要用户辐射到公司领导、设计板块（含设计分包院）、采购板块、核电现场、设备供应商（含分供方）及部分职能管理部门。 2. 在“华龙一号”首堆示范工程项目建设基地福建福清，于2016年发布了“四柱一面”核电项目管理信息化体系，全面支持核电工程建设与管理

续 表

单位	发展现状
中核北方燃料元件有限公司（二〇二厂）	为实现生产线物料自动转运，应用了 AGV 自动转运系统，在燃料芯块制备、燃料棒库房等工序开展智能立体库建设。智能立体库规范了现场物料的摆放和存储，节省了大量空间，智能库与中央控制系统和 AGV 转运系统实现了无缝对接，从而完全实现了物料自动转运及储存
中核兰州铀浓缩有限公司	1. 建立了容器库存管理系统，实现了容器进出库信息化管理。 2. 经过铀浓缩生产后，根据战略与经营管理部下达产品出厂计划，质量管理处根据出厂产品外包装箱号、产品容器号及出具质量合格证明，安防环保处、战略与经营管理部出具相应单据，所有资料一并交予用户
核工业总医院	目前已经建成了以四大业务系统（HIS、PACS & RIS、LIS、EMR）为核心的全系列临床、医技信息系统，模块功能齐全，覆盖了医疗、服务、管理全过程。近年来，医院大力推进基础设施、集成平台与数据中心、远程会诊、智慧急救、互联网医院、智慧医院等项目建设，为临床工作人员建成了工作平台、为管理者提供了综合管理平台，为患者提供了医疗服务平台，在服务水平提升、工作效率提高方面，信息化建设技术支撑效果显著，实现了信息化建设与服务水平提升相匹配、信息新技术应用与业务流程优化超融合的目标（详见附件 2）

（二）中核集团的优势和基础

中核集团作为核科技工业的主体，持续推动核科技的基础研究、发展创新、新技术融合应用以及产业升级，为核科技创新、核产业发展奠定了坚实基础。经过多年的数字化信息化建设，在科研设计、生产制造以及经营管理等各个层面已经具备了一定的优势条件，为数字信息技术与核能产业深度融合积累了基础。如图 2-1 所示。

1. 产业体系完备，应用内涵丰富

中核集团作为国家核能发展与核电建设的中坚，核技术应用的

图 2-1　中核集团信息技术深度融合具备的优势和基础

骨干，重点围绕核电、核燃料循环、核技术应用等业务领域，持续优化科研设计、生产制造和经营管理等产业环节。当前，中核集团工业体系完备，产业链条完整，价值链条驱动力强劲，业务链条细分明确，上下游产品配套性强，与信息技术深度融合应用范围和前景广阔，具有“点—线—面”融合布局空间。经过长期发展，形成了具备领先优势以及部分领域国内唯一、国际领先的科研院所技术群体，且在产研结合上形成了一定的协同交互能力，有利于发挥科研院所的排头兵作用，不断强化从研发设计到生产制造的本质信息化和自主可控。

2. 技术基础提升，融合条件优化

中核集团以重点专项建设为牵引，加快推进软件、硬件技术基础能力提升。核动力院计划 2022 年部署的高性能计算系统，总体性能达 10P，将成为核反应堆应用领域总体性能最高的超算系统，主要用于支撑高性能数值模拟。龙腾计划从 2011 年到 2020 年连续三期支持“核电核动力工程设计软件研发”，共研发各类自主软件百余个，全面覆盖工程设计所需的核电设计相关软件。国防科工局核

能开发项目从2017年到2020年支持“数字化反应堆工程化关键技术研究”，共研发形成各类高精度计算模型及软件、协同设计子系统、多物理耦合软件、基础平台等，由点到面的成果搭建已现雏形，部分成熟成果已应用于实际工程中。

3. 数据资源丰富，平台日益完善

中核集团初步建成了满足当前业务阶段的大数据管控、管理机制和流程，同期也正在深入研究大数据的进一步应用；具有全产业链的数据优势，从核原料开采到核材料提纯、从核燃料生产到核电厂设计、运营、退役，积累了大量的数据，具备开展大数据研究的基础；具有丰富堆型的数据优势，核电厂堆型包括压水堆、重水堆、快中子堆等，是国内堆型最为丰富的核电集团，拥有更为丰富的反应堆研发设计、制造建造、运行维护等全寿期历史数据。2020年8月，中核集团筹建了首个大数据中心，该中心由中核工程、中核华兴、同方股份等单位组成的联合体建设，为后续核电大数据获取常态化、机制化提供了有利平台。

4. 应用先行试点，融合探索深化

目前，中核集团相关单位已经开展了部分试点项目和先进数字信息技术深度融合探索，核燃料生产、核电、核建、核技术应用等领域正在部署应用人脸识别、智能巡检、智能监控等智能化产品，原子能院、核动力院、地研院、中核地矿科技等科研单位，正在加快模拟仿真、智能化预测诊断、智能识别、辅助决策等融合技术产品研发，形成了部分先行融合试点，融合模式也在逐步探索和优化，统一应用推广。

（三）存在的问题及原因分析

“十三五”以来，中核集团在数字信息技术与核能产业深度融合方面已经开展或正在开展多项研究，在智慧核电、数字铀矿山、

核燃料元件智能制造、数据中心建设方面分别开展了专项工作，并取得了一定的成绩。但是总体上看，数字信息技术与产业深度融合的进度仍滞后于同行业，各领域在技术基础、体制机制、条件保障、信息互融互通等层面仍存在一些问题，主要体现在“体制机制不完善，条件保障不重视，信息联通阻力大，数字基础能力差，局部强，整体弱”等方面。

1. 顶层设计不够

多数成员单位推动先进数字信息技术与核能产业融合发展的意愿强烈，但产业链各环节在总体发展规划及重点建设内容方面普遍缺乏清晰的战略目标与发展规划。一是全局意识缺乏，对融合发展的考虑仍然聚焦在生产端如何引入先进信息技术，存在类似“智慧核电”这样的基本概念都没有形成统一认识的情况；二是顶层设计对传统业务发展的布局多于融合发展，缺少对于先进数字信息技术的战略规划，导致产业链各环节融合发展水平不一、部分环节未能形成发展合力。

2. 信息“孤岛”现象较为显著

当前，跨部门、跨业务环节的业务综合和集成刚开始起步，而单位之间信息传递不畅，资源缺乏统筹，系统“孤岛”现象较为明显。一是开放共享规则不够明确，信息系统建设仍在根据自身的情况展开，部门和单位间、工程总承包商内部各板块之间的业务协同，以及上下游产业链的业务之间均缺乏协作或必要的沟通交流；二是缺乏信息化融合方面的配套考核机制，由于成功经验少，加之缺乏互联互通，产业链各环节的成员单位开展数字信息技术与业务的融合发展积极程度不高，融合发展落实责任较为困难。

3. 信息基础设施建设水平不高、软硬件投入不足

核工业全产业链较长，产业链各环节上各单位在信息基础设施

的发展层面具有发展水平不高的现象，例如燃料元件制造向柔性制造发展，需要具备智能物流及仓储系统的建设条件，而现在尚未具备。一是知识沉淀不足、相关研究人员较少，部分环节尚处在单项应用建设阶段；二是投入力度不足，缺乏数智化相关专项资金，部分单位例如中国铀业，生产成本压力较大，无法自筹足够经费开展相关研究。数字信息技术更新换代较快，信息化基础水平的高低，直接影响了产业链各环节的数智化均衡发展。

4. 融合发展所需有效数据基础仍然薄弱

数据驱动是先进信息技术发展的关键动力，中核集团目前在数据基础建设方面还处于起步阶段，数据基础底子较薄。一是数据建设经验较少，一些有用的数据还未得到有效的采集，数据建设需要的配套信息系统仍未完善；二是产业链各环节缺乏完善的数据标准和编码规范，数据不统一、共享能力弱；三是数据工具先进性不足，基于先进技术的数据分析方法和工具仅在少数单位有部分应用。

目前，产业链各环节数字信息技术与核能产业融合环境下的关键能力依然不足，标准化、流程化基础薄弱，融合总体处于单项覆盖向集成提升过渡阶段，难以从可持续发展的全局层面，按照战略和竞争优势的需求快速形成信息化环境下的融合能力。

5. 数字化信息化人才储备不足

融合发展的落实需要大量的人才支撑，2021 年以来中核集团成立数字经济和技术研究的专业机构，引入大量信息化人才，但人才增长速度跟不上信息化发展需求的增长，尤其是高端、复合型人才严重匮乏。一是复合型人才待遇仍需提高，部分成员单位受产能和经济体量限制，无法承担移植常态化高级 IT 人员队伍；二是懂专业的技术人才和懂信息化的技术人才之间，合作交流少；三是产业链各环节对于复合型人才的培养投入不足。

三、总体设计

（一）内涵

数字中国涵盖了经济、政治、文化、社会、生态等各个领域的信息化建设，包含了大数据、云计算、人工智能、电子政务、新型智慧城市、数字乡村等内容。参照数字中国的内涵，结合核能产业的自身特点，数字核能主要是指利用先进的数字化、智能化技术，对传统的科研、设计、建设、运行、风险控制等环节进行数字化、智能化改造，同时，通过打造智能协同创新平台、经营管理一体化平台、大数据中心等，推动数字化、智能化技术与核能领域的深度交叉融合、创新发展，实现核工业产业链的整体数字化、智能化升级，以及战略管控和经营管理的数字化转型。

数字核能是中核集团的重点战略任务，是各业务板块数字化转型的途径和根本目标，是中核集团高质量发展的必经之路。它的目标就是将 IT 领域的新理论、新技术、新方法应用在企业安全生产、技术与管理创新、经济效益提升、产业升级、管理能力培养等方面，最终提升企业的核心竞争力。

（二）发展目标

通过形成一批示范应用项目，并从局部环节延伸至核能全产业链，中核集团信息化、数字化基础进一步夯实，智能化应用水平不断进步，核工业相关领域科研创新、生产设计、建设制造等水平与效率明显提升。为推进中核集团数字化转型、智能化发展，在中核集团高质量发展和“三位一体”战略目标的基础上提出数字化转型的阶段目标建议。如图 3-1 所示。

图 3-1　中核集团信息融合发展路径

（三）总体思路

核产业链包括天然铀勘采、铀转化及浓缩、燃料元件制造、反应堆、后处理及退役，核电产业链包括核电的设计、建造、运行、售电及退役，两条产业链形成了以核电运行为核心的核工业两个循环；供应链依托物流贯穿了两条产业链的整体各环节，如图 3-2 所示。

从企业管理流程的角度分析，核电产业链可分为科研设计、生产制造、经营管理三个基本环节，在业务层面可分为反应堆设计、燃料元件设计、工程设计、燃料元件制造、矿冶、核电运行、设备采购、物流等（如图 3-3 所示）。为全面推进先进数字信息技术与核能产业的深度融合，促进核工业高质量发展，实现智慧核工业，要从科研设计、生产制造、经营管理三个基本环节出发，涵盖反应堆、核电工程、核电厂运行、核燃料元件、铀浓缩、设备采购、核燃料物流、铀矿勘冶等全产业链的各个业务层面，以产业为抓手，选择具有一定基础且迫切需要融合的领域，聚焦核电、燃料、物流、矿山四大领域，合理选择本领域较为成熟的单位，试点先行，逐步推广。

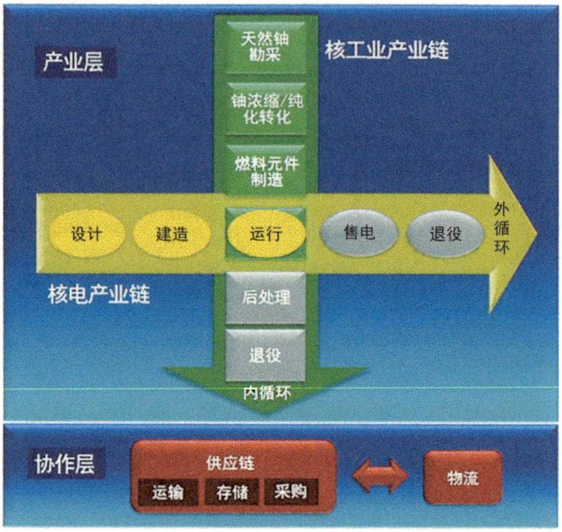

图 3-2　核工业两个循环示意图

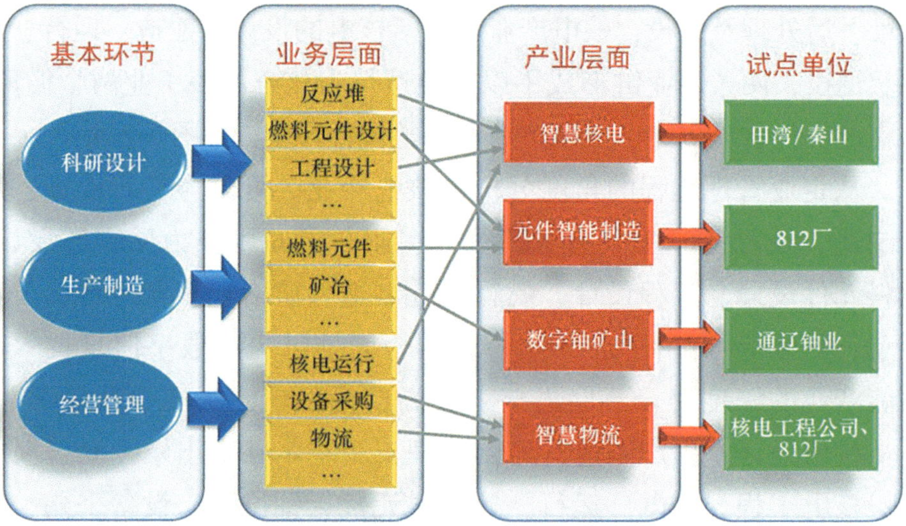

图 3-3　中核集团融合发展思路

（四）整体架构图

结合中核集团的基础条件及存在问题，推进数字信息技术与核能产业的深度融合，整体架构如下：以产业为抓手整合基本环节和业务层面，带动整个产业链数字信息化发展，聚焦**智慧核电、燃料元件智能制造、燃料智慧物流及数字铀矿山**四个重点发展领域，在企业层面试点示范。

——核电领域。以提升核电运行短板为切入点，促进数字信息技术在核电领域的全面融合，推动核电领域的创新发展。

——元件制造领域。以燃料元件智能制造为着力点，推进数字信息技术在元件制造中的融合，促进元件制造数字化信息化发展。

——矿山领域。以建设数字铀矿山为目标，推进数字铀矿山全体系建设。

——物流领域。以核电设备采购及核燃料智慧物流两条线并行推进，全面强化核燃料智慧物流建设。

在各领域范围选择现有基础较好、数字化信息化工作成效显著，且具有强烈发展意愿的单位试点示范，积极推广，逐步推进深度融合。具体来看，分别选择田湾/秦山核电厂、八一二厂、核电工程公司与八一二厂、通辽铀业为试点单位进行示范。如图 3-4 所示。

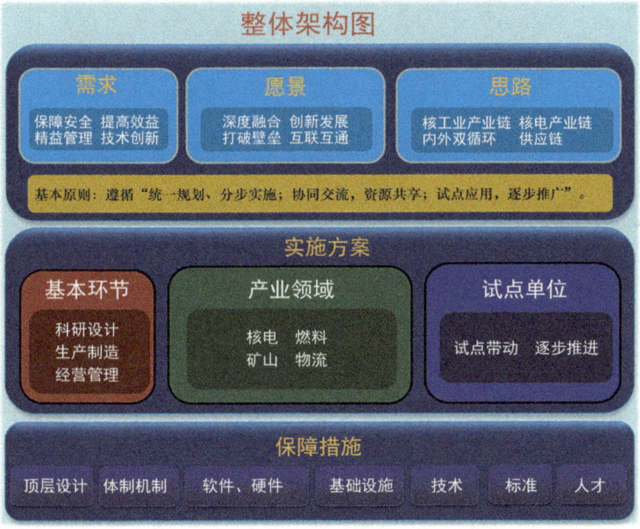

图 3-4　核能数字信息化发展整体架构图

四、主要任务

根据前述整体思路及总体发展架构，聚焦于智慧核电、核燃料元件智能制造、核燃料智慧物流、数字铀矿山四个领域，在“十四五”期间及未来中长期阶段发展的顶层架构、发展路径及任务举措建议如下。

（一）智慧核电

1. 顶层架构（见图 4-1）

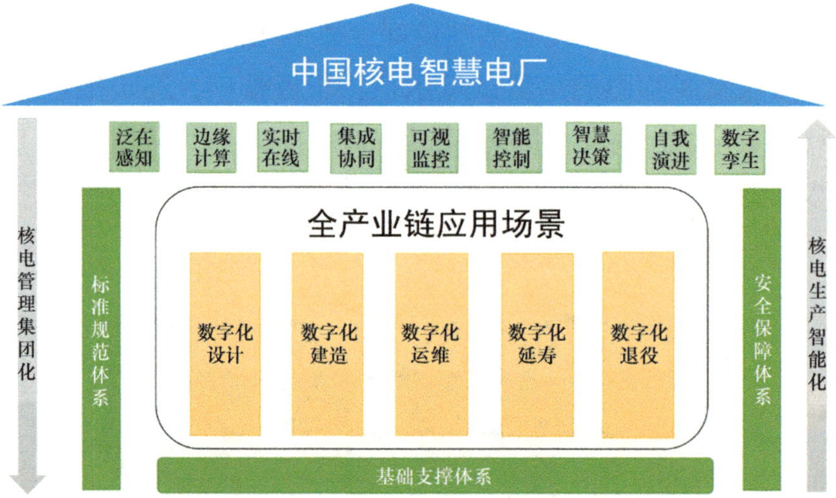

图 4-1　智慧核电融合发展架构图

2. 融合发展路径

智慧核电融合发展路径如图 4-2 所示，包括“十四五”发展路径规划和中长期发展路径规划。

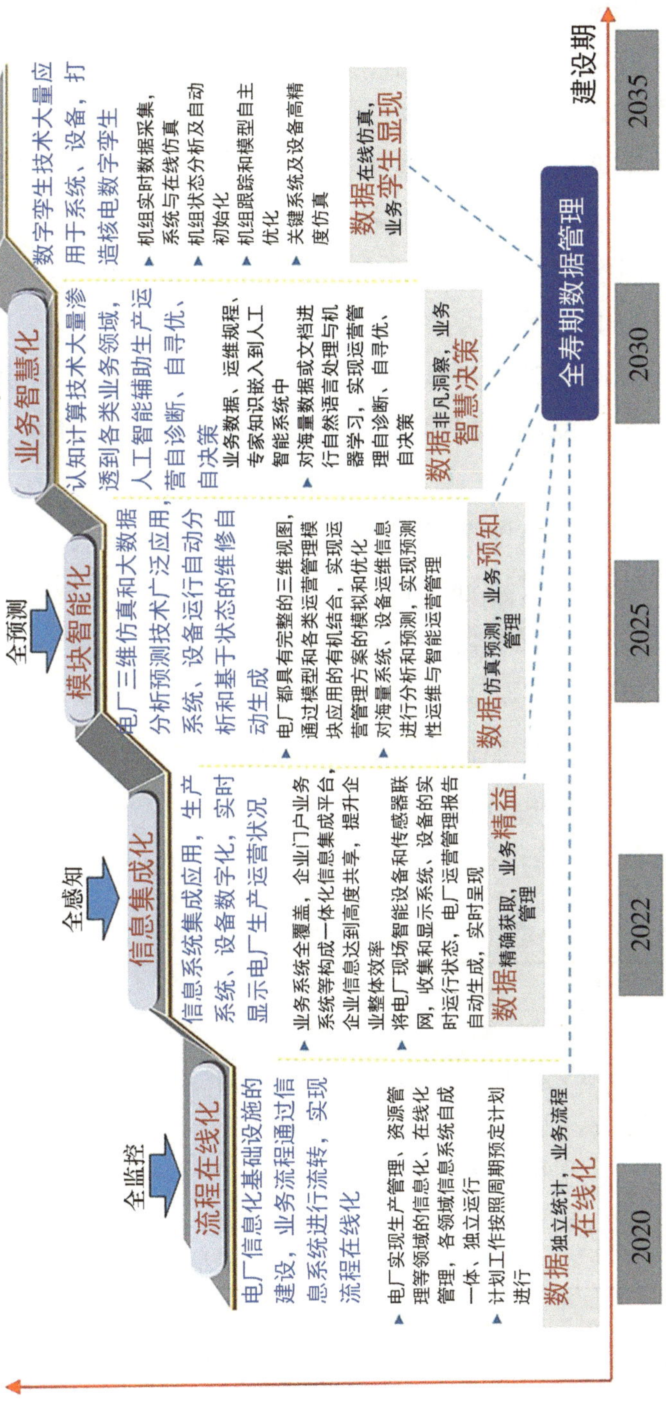

图4-2 智慧核电融合发展路径

（1）“十四五”期间

数字反应堆实现工程应用，可支撑现役核电反应堆设计改进和“华龙”系列反应堆换代研发；

完成数字孪生核电厂的初步建设，实体电厂与数字孪生电厂同步建设，初步满足实体与孪生核电厂各自运营需求；

力争完成智慧电厂各项研究及示范，具备全面推广条件。

（2）中长期融合发展路径

数字反应堆基础支撑体系基本完善，有效推动压水堆、快中子堆等技术的快速发展；形成智慧化虚拟反应堆生态环境，支撑第四代核电堆型研发。

完成数字孪生核电厂的发布，并应用到各领域；实现基于数字孪生核电厂建造生成物理实体电厂的智能建造；实现查询信息的三维模拟展示，满足数字化运营需求。

完善智慧电厂建设成果，并在中国核电各电厂各全面推广应用。

3. 具体举措及重点任务

（1）数字反应堆建设

主要开展以下三方面的重点任务，如表 4-1 所示。

表 4-1　数字反应堆建设主要任务内容

序号	任务名称	主要内容
1	硬件建设	对标国内超算中心开展建设，总体性能需向上提高一个量级
2	软件建设	将以核电厂功率提升、高燃耗率、延长寿命 3 个方面重点开展，包括理论模型研究及程序研发、耦合技术研究、标准规范制定等，解决困扰反应堆设计与运行的经济性问题
3	大数据建设	重点开展大数据系统的业务建设、软件建设、门户建设 3 个方面的工作，为总结提炼规律性认识提供数据支撑和手段支撑

（2）核电工程数字化转型、智能化提升建设

1）数字化转型工程（见表 4-2）

表 4-2　数字化转型工程主要任务内容

序号	任务名称	子任务名称	主要内容
1	设计领域-数字化提升工程	数字化设计总体需求研究	规划数字化设计总体方案，形成数字化设计顶层规划和实施方案
		设计数字化交付品规范研究	确定核电工程设计数字化交付的基本要求和一般准则，明确核电工程设计结构化数据和非结构化数据的交付要求和交付方法
		设计数据一体化管理平台建设	建设以“数据”为中心的设计数据一体化管理平台，实现设计基础数据和业务数据的统一管理
		设计信息管理系统优化	持续推进现有系统的完善，适时推进核电工程取证管理建设与工程概预算系统集成，推进设计管控的集约化
		全球化设计协作	推进基于互联网的设计分包协作平台建设，实现基于互联网供应商数字化协作平台；推进基于互联网的电子目录系统建设
2	工程领域-数字化提升工程	数字化转型关键技术研究	研究支撑核电工程各业务领域数字化转型的核电工程全周期信息模型和数据架构
		各领域信息系统数字化改造	完成对现有采购平台的改造；研究施工信息系统统一信息架构和改造方案；实现调试管理业务的一体化集成
		核电工程全寿期信息系统建设	以项目管理信息平台为试点开展核电工程全周期信息系统建设，提升核电工程建设管控和一体化数据管理水平

2）智能化提升工程（见表 4-3）

表 4-3　智能化提升工程主要任务内容

序号	任务名称	子任务名称	主要内容
1	设计领域-智能化提升工程	专业设计平台开发与集成	研究开发或升级专业设计平台，打通各专业之间的数据通道，提升设计工作效率，为智能化设计多专业协同奠定基础
		全范围三维设计	实现与设计分包院、设备供应商的三维数据交互，研究开发三维工厂模拟应用平台，支持核电厂三维模型在设计领域和工程领域的应用，同时满足交付要求
		仿真验证平台建设与完善	启动一体化专业设计系统试点，探索核电厂系统数字化；推进核电厂仿真验证平台建设与完善，提高仿真验证范围与能力
		核电厂运行智能化	研究开发支持核电厂运行监控智能化的一体化运行监控系统、运行检测系统和运行风险评价系统；推进一键启停、机器人巡检、智能监管等技术发展
		核电厂维护智能化	研究开发支持核电厂维护检修智能化的设备可靠性评价系统和设备预测性维修系统
		设计大数据	梳理核电设计数据资源，建立核电设计大数据，开发设计预处理工具并形成可挖掘的数据资产，试点开展应用
2	工程领域-智能化提升工程	智慧工程	开展先进信息技术在施工现场的应用研究，研究基于设计发布的数字孪生核电厂进行施工模拟和工程建造的三维模型应用方式，推进应用
		工程大数据	梳理核电工程数据资源，建立核电工程大数据，开发工程大数据预处理工具并形成数据资产，试点开展基于大数据的施工预测分析

（3）智慧电厂试点建设

按照“需求牵引、信息化数字化配套、一次规划、分步实施”原则，中国核电按三个阶段开展智慧电厂功能模块开发及相关信息化基础设施建设，力争在2025年完成智慧电厂各项研究及示范，在2030年完成中国核电所有电厂的推广应用。如表4-4所示。

表4-4　智慧电厂试点建设主要任务

序号	任务名称	主要内容
1	第一阶段建设（2020—2023年）	1. 开展并完成15个智慧化模块研发及应用示范； 2. 在示范电厂内打造核电厂数据及信息化平台、无线网络、信息高速公路、3D信息化核电厂、可视化平台； 3. 建立大数据中心
2	第二阶段建设（2023—2025年）	1. 开展剩余8个智慧化模块的开发及示范应用； 2. 开展并完成信息化基础建设技术研究并示范
“十四五”期间（至2025年12月），完成23个智慧化功能模块及信息化基础构架的开发、完善和示范应用，具备全面推广应用条件		

（二）核燃料元件智能制造

1. 顶层架构（见图4-3）

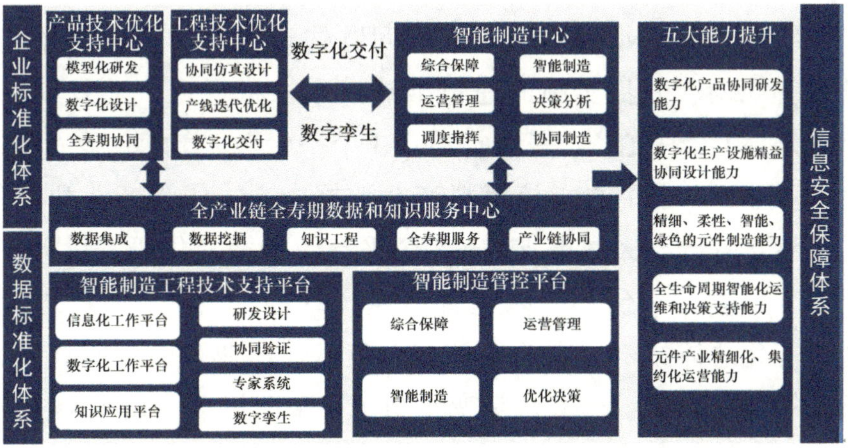

图4-3　体系效能型核燃料元件智能制造体系架构

2. 融合发展路径

遵循中核集团“数字核工业”顶层规划，落实“加强专业化领域总体能力建设”的部署，保障核燃料生产能力，确保产业安全可持续高质量发展。核燃料智能化建设将遵循信息化、数字化、网络化、智能化的发展过程，“十四五”初期各单位全面实现信息化，“十四五”末健全完善数字化，2035 年实现产业智能化，提升核心竞争力，打造国际一流的核燃料产业链。如图 4-4 所示。

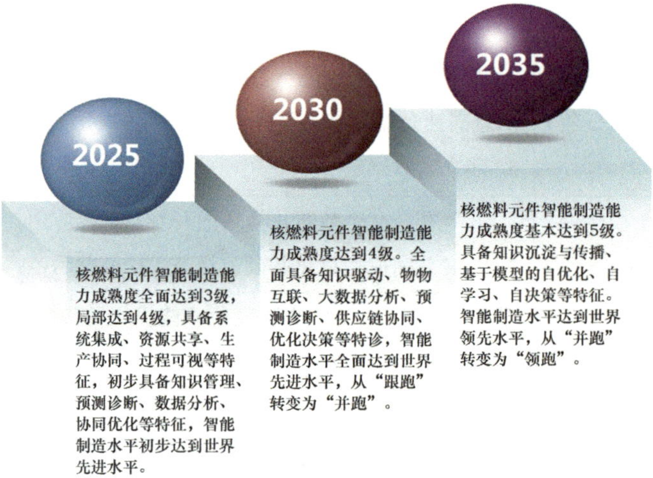

图 4-4　核燃料产业发展路径

围绕核燃料产业智能化升级等问题构建产业智能化体系架构，按照统筹规划、分步实施的总体战略，未来将根据产业发展需要，**重点规划“1 个中心”，努力打造“3 个平台”，着力突破“5 项技术”**。其中，1 个中心指核燃料产业数据中心，作为产业智能化转型的信息化基础与大数据支撑；3 个平台包括智能化研发设计平台、数字化工程建设平台、一体化智能生产管控平台；5 项技术包括，产业智能化总体技术、产业工控安全技术、产业智联融网技术、产业装备智能化技术、产业数字孪生与仿真验证技术，如表 4-5 所示。

表 4-5　燃料元件智能制造实施路径

序号	事项	主要内容
1	规划“一个中心”	规划建设核燃料产业数据中心，统筹产业数字化标准，整合全生命周期数据，集中研发技术，依托燃料元件工程技术研究中心为核燃料产业打造数据中心中心，以降低重复建设、实现互联互通，为统一规范推进产业数字化、智能化升级提供基础支撑
2	打造“三个平台”	1. 打造智能化研发设计平台 打造智能化研发设计平台，完善现有三维设计工具，打通各专业全流程设计壁垒，完成基于模型的三维设计向基于数据的协同设计转换。 2. 数字化工程建设平台 打造基于模型的核燃料数字化施工管理平台，打通设计、采购、施工环节，保障数据唯一性，利用物联网、互联网与大数据分析实现设计、施工一体化管理 3. 一体化智能生产管控平台 结合核燃料各生产线的特点，整合建设集生产管控、核与辐射安全管理、核应急管理、核安保管理、产品质量精准管控、物料管控、能效管理综合集成，人机协同的一体化智能化生产管控平台
3	突破“五项技术”	1. 核燃料产业智能化总体技术 核燃料产业智能化总体技术研究涵盖生产设施智能化体系研究、数字化设计总体技术研究、智能化平台技术研究、设施智能化评价体系研究等几个方面。 2. 工控安全技术 制定符合行业工控控制应用场景的工控系统防护技术标准，形成“适度、可靠”的核燃料工控系统防护体系

续 表

序号	事项	主要内容
3	突破“五项技术”	3. 工控网络与生产信息网络互联技术 重点是研究涉密网与工控网双向互联技术，研究既满足实时数据传输要求，又符合信息安全保密管理相关标准和规定的互联技术路径。 4. 装备智能化技术 采用先进的技术和智能控制手段，在生产线自动化的基础上实现生产信息的互联互通和协同管理要求，提高生产线效率，保证生产过程的稳定运行，同时为人员及生产安全提供保障。 5. 数字孪生与仿真验证技术 重点进行全生命周期数字交付标准研究、流程仿真与验证技术研究、数据集成技术研究及在线运行优化与事故处理技术研究

3. 具体举措及重点任务

推进数字信息技术与核燃料元件制造领域的深度融合进行条件建设的重要内容包括四个方面，具体见表 4-6。

表 4-6 元件智能制造领域重点任务

序号	项目名称	项目主要内容
1	核燃料元件生产智能化系统技术开发与应用	1. 建立核燃料元件生产工业互联网，实现与核燃料数据中心的互联互通。 2. 厂区智能装备综合管理平台研制。 3. 生产辅助机器人智能控制技术及支撑平台研究。 4. 开发大数据支撑下的设备预测性维护系统。 5. 开展基于大数据分析的生产参数智能优化系统。 6. 建设核燃料元件生产数字化验证系统。 7. 搭建核燃料元件生产智能辅助决策支持平台

续　表

序号	项目名称	项目主要内容
2	基于核燃料产业数据中心的专用设备研制系统	1. 研发专用设备研制验证系统，实现全过程的虚拟验证功能，结合产业数据中心，打通验证试验与设备制造间的“数据孤岛”现象，实现研发—设计—制造—验证的全过程管控。 2. 研发专用设备生产自动化装备，提高生产效率，实现人机协同制造。 3. 研发专用设备生产线智能管控系统，实现关键生产环节的智能控制，确保产品的一致性
3	核燃料元件工程全生命周期智能化管控系统	1. 从燃料元件工程的研发、设计、建造、运维、退役等全生命周期过程进行部署，研发一体化智能管控系统，实现与核燃料产业数据中心的互联互通，实现全方位智能化管理。 2. 研发燃料元件生产线智能化装备，实现生产过程的准确感知、识别，进行优化决策，实现装备的精准执行。 3. 开展燃料元件工程生产线智能控制技术研究，实现关键产线、关键环节的智能控制；建立故障诊断与健康评估系统；进行燃料元件生产线物料跟踪技术研究；探索燃料元件生产线工业互联网应用技术研究，实现典型产线的工业互联网应用；进行燃料元件化生产线安全生产智能监控技术研究，实现关键产线的全方位智能监控；开发核应急预警处置和智能决策平台。 4. 开展燃料元件生产线数字孪生虚体构建技术研究，建立关键产线的数字虚体，实现数据集成；进行铀燃料元件生产线模块化数字运维支持技术研究；进行燃料元件生产线运行控制仿真机技术研究，研发关键产线的全范围运行控制仿真机，实现辅助研发、设计，培训操作人员的目标

续 表

序号	项目名称	项目主要内容
4	核燃料产业智能化总体技术研究	1. 核燃料生产设施智能化体系研究，形成核燃料智能化生产制造体系标准和规范。 2. 核燃料生产线数字化设计总体技术研究，形成核燃料数字化设计、数字化交付等方面的标准和规范。 3. 核燃料智能化应用平台技术研究，从总体上解决核燃料生产线智能制造设计及系统开发瓶颈，为产业智能化升级提供平台工具。 4. 核燃料生产设施智能化评价体系研究，对现有产线的智能化升级改造提供参考标准

（三）核燃料智慧物流

1. 顶层架构

核燃料智慧物流的顶层架构如图 4-5 所示。其整体目标为：统一平台，统筹推进；两类仓储，三级采购；高效协同，自主可控。

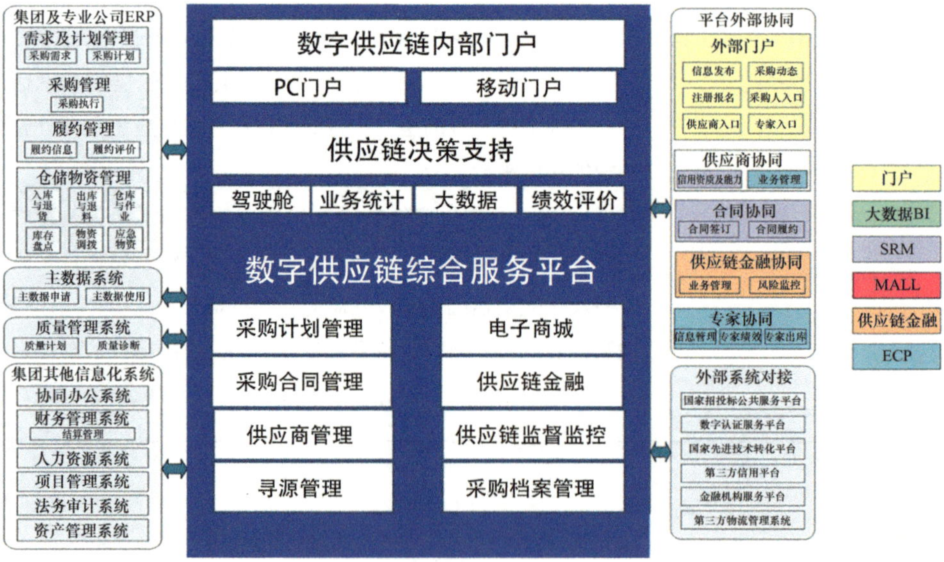

图 4-5　核燃料智慧物流总体架构

（1）两类仓储

实行云仓储与实物仓储相结合的仓储方案。实物仓储方面，充分调研中核集团内各单位需求和资源。通过调研走访中核集团内三〇三库、宝原公司等单位，探讨发展供应链仓储物流的可行性，总结各板块备品备件供应特性，分区建设仓储中心。云仓储也就是外部供应商仓储，挑选发展稳定、采购量大、区位合理的优质供应商，与其达成委托仓储协议，节约资源与人力。

（2）两个市场

天然铀供应的国内市场和海外市场。充分利用好国家核电发展的大趋势，整合国内国外两种资源，统筹国内国外两个市场，把握市场脉搏，赚取贸易利润，提升采购经济性，增强天然铀运输能力，保障天然铀高质量供应。

（3）两类运输

实行专业化的涉核运输与社会化的非核运输两种运输方式。整合中核集团涉核企事业单位的车辆（皮）、站台、运输容器等运输资源，成立专业化运业（物流）公司，一方面满足集团内部涉核材料的运转需求，另一方面提供社会服务。非核材料的运输原则上以社会化服务为主，集团内专业化运输为辅。

（4）三级采购

大宗通用物资走一级集采平台，中核（上海）供应链管理有限公司作为中核集团一级集中采购专业实施机构，负责集中采购项目采购寻源，并在中核集团电子商城上架销售。各专业化公司按照集团的总体要求整合采购资源，明确责任主体，实行二级集采。在一级集采和二级集采之外，各成员单位下属公司仍然具有采购权限。

（5）统一编码，数据共享

持续推进、完善中核集团物资编码工作。在各成员单位及专业化公司层面，建立内部采购平台，满足内部业务实操，通过标准化接口接入统一平台；在统一平台层面，实现数据共享，发挥平台管控、调配等供应链增值作用。

对于新建项目，继续推进集物资编码自建设期至运行期的统一工作，形成设备物资全生命中周期跟踪基础；对于现有产品、备品备件，继续开展物资编码梳理工作。

2. 融合发展路径

中核集团核燃料智慧物流（供应链体系）的数字化信息化融合发展路径如图 4-6 所示。

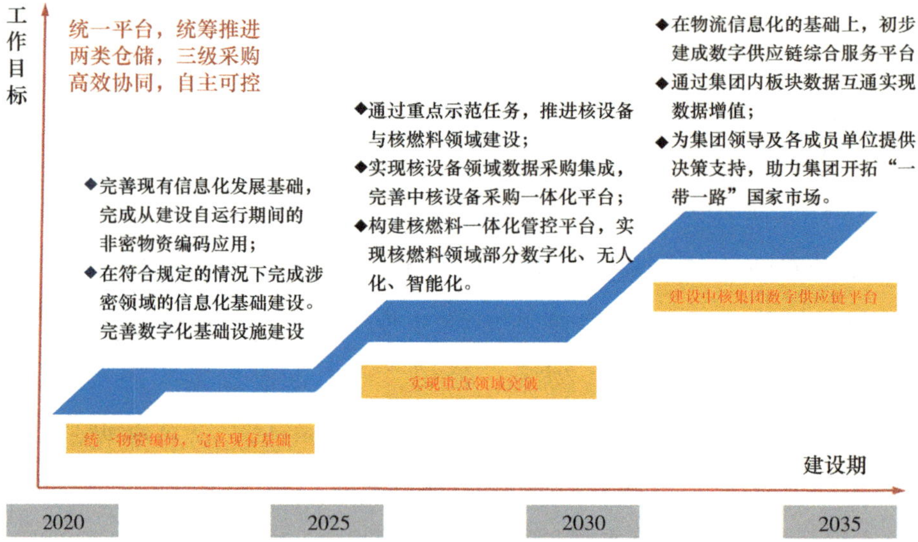

图 4-6　核燃料智慧物流融合发展路径

2025 年，统一物资编码，完善现有基础：完善现有数字信息化发展基础，完成从建设至运行期间的非密物资编码应用；在符合规定的情况下完成涉密领域的信息化基础建设。

2030 年，实现重点领域突破：通过重点示范任务，推进核设备与核燃料领域建设；实现核设备领域数据采购集成，完善中核集团设备采购一体化平台；构建核燃料一体化管控平台，实现核燃料领域部分数字化、无人化、智能化。

2035年，建设中核集团数字供应链平台：在物流信息化的基础上，初步建成数字供应链综合服务平台；通过集团内板块数据互通实现数据增值；为集团领导及各成员单位提供决策支持，助力开拓“一带一路”国家市场。

3. 具体举措及重点任务

（1）具体举措

1）完善中核集团电子采购平台

以中核（上海）供应链公司电子采购平台为基础，搭建数字供应链综合服务平台。

将中核（上海）供应链公司电子采购平台纳入数字供应链平台整体规划，电子采购平台整体迁移到数字供应链综合服务平台体系中。

与中国原子能、中核工程、中国铀业通过数据联通，对接经验，根据运行情况优化和完善电子采购平台数据整合功能。在此基础上，结合集团内各专业化公司/直属单位的主要采购管理业务信息系统现状，建立标准数据接口，实现电子采购平台与各专业公司/直属单位采购信息系统的全面对接，初步建成采购与供应链大数据中心。

2）优化天然铀“产供销储”一体化信息平台

天然铀产供销储一体化信息管理平台的建设，以天然铀需求信息为基础，以天然铀国内开发、海外开发信息为支撑，通过建立天然铀需求与生产信息分析平台、天然铀贸易价格模型和天然铀进出口在线管理平台，并集成中国铀业负责的天然铀运输平台，实现天然铀产供销储全流程数字化，以进一步提升天然铀产供销储一体化信息管理水平。

3）探索组建核燃料专业化物流体系

核燃料智慧物流分3个阶段实施，“十四五”期间形成专业化物流公司，实现板块内资源、运载工具、人员的统一管理与调配；“十五五”期间，整合集团内物流资源，包括铀业、清原、原子能公司等，建立跨板块的核特种物流公司，形成负责全产业链业务的核物流公司，逐步在国内市场推广；到2035年，打造国际化的物流公司，跟随核电出海，形成服务全球的海陆空协同运输体系。

4）建设中核设备采购物联网平台

在工程公司现有采购管理系统上开发一套软件，按照市场化运作方式，建立中核设备采购物联网平台，可在设备采购管理方面实现精准采购、采购全过程跟踪及管控，加强与设备供应商之间的协同协作，实现设备制造过程的监督监控，实现核设备物项采购信息流的收集，利于推进核设备采购数字化转型与数字化交付。

在管理效益方面，提升核设备采购供应链上下游之间协同协作效率，提升管理效能，降低人力资源配置，有利于企业复合型人才培养。

在经济效益方面，可盘活现有库存资产，实现各核电厂积压库存的消耗，减少国有资产浪费；其次可通过与设备供应商签订框架协议，依据“即需即备即配”的原则，达到“供需配”的平衡，避免采买过量的问题，达到精准采购的目的，实现采—供—储—配的良性循环。

在社会效益方面，物联网技术与物流信息技术在核能产业的创新与应用，有利于加速产业融合，深化社会分工，提升核能产业集成和供应链体系协同水平；有利于加强从设备生产制造到交付各个环节的有效对接，降低企业经营和交易成本，促进供需精准匹配和产业转型升级；也有利于打通整个核能产业供应链体系，带动设备生产制造业数字化信息化水平提升与管理水平提升，助力“中国制造2025宏伟目标的实现”，成为打造核能产业链升级的全新动能。

（2）重点任务（见表 4-7～表 4-9）

表 4-7　智慧物流——核燃料物流发展支线重要任务表

序号	任务名称	子任务名称	主要内容
1	以核燃料为试点推进物流建设	明确核燃料物流信息化总体构架	明确核燃料物流业务和信息化总体架构、未来建设目标，制订发展规划
		核燃料物流标准化	制定标准规范，实现基础编码等标准化，为实现电子信息传递等物流行为创造条件
		核燃料仓储配送中心选址	1. 利用人工智能技术进行配送中心最优选址。 2. 建设核燃料仓储配送中心，打通核燃料仓储物流管理全流程
		构建核燃料一体化管控平台	1. 建设一体化管控平台，实现全寿期精确管控。 2. 对物流涉及的容器、仓储设施、运载工具等进行数字化改造或升级
		核燃料物流的专业化	组建专业化公司或专业化队伍，统一对外接口，提升物流的一体化管理组织效率
		厂内运输无人化	1. 新建工厂或生产线建设高度自动化的厂内物料运输系统，加快物流速度，缩短生产周期。 2. 在运行阶段，利用 AGV 等技术实现物品的自动转送，提高运输的安全性和可靠性、降本增效
		虚拟培训技术应用	利用虚拟仿真技术开展物料从业人员教学、培训与考核
		人工智能技术应用	利用人工智能技术辅助决策，选择最合适的供应商，规划运输线路，合理安排动力，降本增效

表 4-8 智慧物流——拓展现有采购供应链体系支线重要任务表

序号	任务名称	子任务名称	主要内容
2	完善拓展中核工程现有采购供应链体系	物资编码统一标准	1. 持续推进集团内部实现物资编码的统一标准。 2. 物资编码统一标准应用到设备供应商信息系统，方可实现设备全流程的跟踪及管控。 3. 物资编码标准化管理模式推广至其他业务领域
		方案制定	完成中核设备采购物联网平台的建设方案（含备件云库存），建立备件分类存储标准
		中核设备采购物联网平台建设	建设中核设备采购物联网平台
		备件云库存建立	与各电厂及部分供应商仓储系统对接，建立备件云库存，统一调配
		备品备件实体仓库建设	建立备品备件实体仓库，建成实体智能仓库
		物联网体系移动终端化	1. 设备采购物联网体系基于移动终端的实施。 2. 基于移动终端的功能实现，例如备件下单采购及配送状态查询、结算等

表 4-9 智慧物流——形成供应链体系试点支线重要任务表

序号	任务名称	子任务名称	主要内容
3	建设中核集团统一供应链体系	中核集团电子采购平台上数据整合	以核工程设备采购制造管理数据模块、原子能公司仓储物流中心模块为试点，建立与集团电子采购平台的数据接口，初步形成采购流程闭环管理信息数据库
		建立标准数据接口并推广	1. 总结上述试点项目对接经验，完善电子采购平台数据整合功能。 2. 在此基础上，建立标准数据接口，初步建成采购与供应链大数据中心

续　表

序号	任务名称	子任务名称	主要内容
3	建设中核集团统一供应链体系	全面推进数字供应链综合服务平台建设	建成数字供应链管理统一平台，并开展智慧供应链能力建设，从而逐步形成供应链生态

（四）数字铀矿山

1. 顶层架构（见图 4-7）

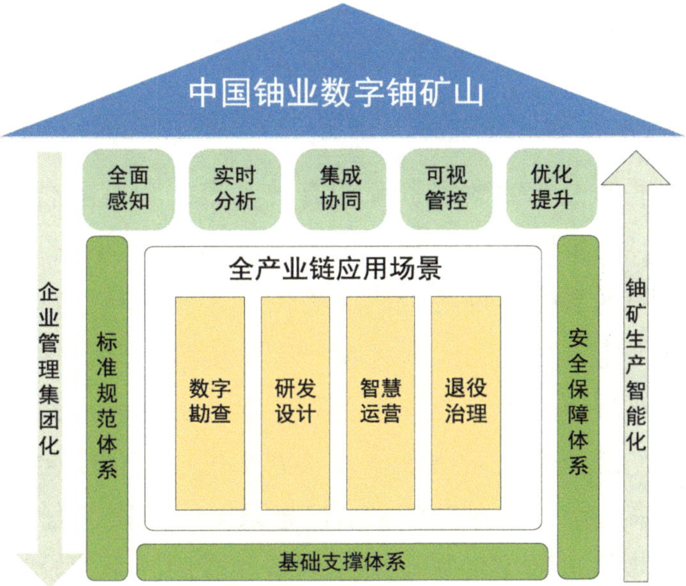

图 4-7　数字铀矿山架构

2. 融合发展路径（见图 4-8）

（1）优先建设一体化基础支撑体系

通过加强顶层设计和统筹协调，以基础为支撑、以开放促整合、以应用促发展，进一步推进二三级商网和地浸铀矿山物联网建设，充分利用数字化信息化基础设施的同时兼顾自身数据共享中心

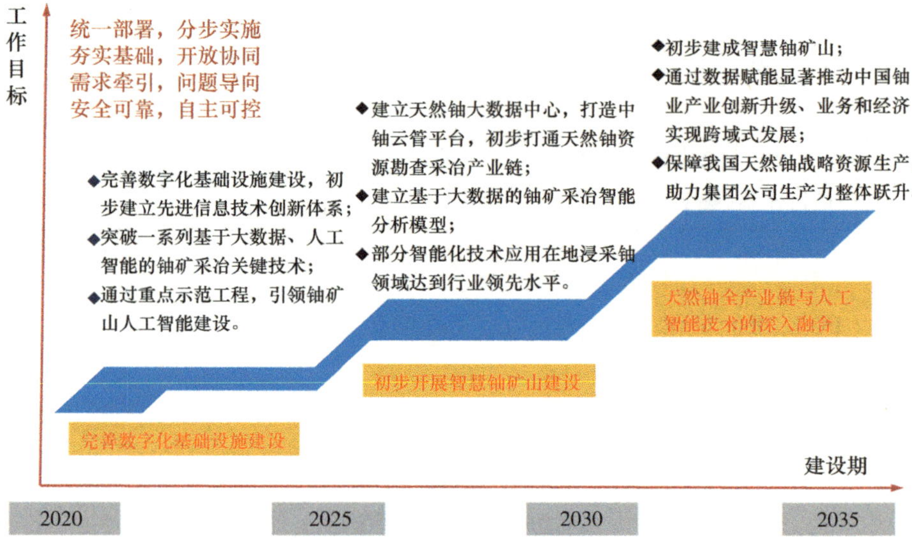

图 4-8 数字铀矿山发展路径

建设，大力推动天然铀数据资源的有效汇聚、深度融合、开放共享和开发应用，逐步形成以中核矿冶云为枢纽的全国数据资源共享格局。基于物联网系统整合各个成员单位的组织机构、部门数据和公共设施资源，建立智能、互联环境，统一追踪、管理天然铀公共信息资源，实现跨部门无缝业务整合和实时业务协作，提升企业信息化管理能力，提升企业运行效率和服务水平。加强安全管理体系和运营保障体系建设，确保铀矿采冶信息系统的健康、有序发展。

（2）稳步推进数字铀矿山应用创新和应用体系建设

按照坚持突出重点、示范带动原则，率先选择条件允许的北方地浸砂岩矿山进行数字铀矿山应用示范，引导和带动天然铀行业应用发展。围绕绿色和谐、生态文明等重大战略，在建设规划、生产运营、环境保护和安全生产等领域，推动中国铀业和成员单位的数据汇聚整合和关联分析，提升科学决策水平和风险防范能力。借助先进数字信息技术，加强中国铀业及成员单位事中、事后监管和服务，提高监管和服务的针对性和有效性，推动企业管理方式创新。

结合数字铀矿山建设，以优化提升矿山生产能力为重点，积极吸引社会力量参与先进数字信息技术在天然铀领域的应用市场化服务，在无线通信、智能装备、三维可视化、安全环保、信息系统定制开发、大数据治理和网络安全等领域，利用高新技术优化资源配置，丰富应用内容，拓展产业渠道，提高管理水平和效率，构建便捷高效的天然铀生产管理、服务体系。

（3）加快培育先进数字信息技术生态圈

推进智能制造在铀矿山的落地，促进物联网、大数据和人工智能等高新技术与天然铀采冶行业协同发展，推动数字信息技术在企业研发设计、生产制造、经营管理、市场营销和矿山退役等环节的有效应用。探索建立天然铀工业数据开放共享与安全保护机制，鼓励建设重点矿山和全国性大数据服务平台，提升产业数据资源的采集获取和利用效率，充分发掘数据资源背后的产业应用价值和潜力。

依靠国家、中核集团和中国铀业各级科研项目，实施先进数字信息技术创新计划，推动高新技术发展与科研创新、技术发展、铀矿企业和市场需求有机结合，形成数据驱动型的创新模式，促进创新链和产业链深度融合。通过政策、资金扶持，培育铀矿采冶大基地+大数据产业基地融合发展。搭建层次清晰、覆盖全面、内容准确的知识资源库，为铀矿生产企业的生产建设提供精准、高水平的知识服务。

3. 具体举措及重点任务

具体举措及重点任务主要有企业管理架构设计、数字铀矿山架构设计、基础支撑体系建设及其他支撑体系建设。如表 4-10 所示。

表 4-10 数字铀矿山领域重点任务

序号	任务名称	主要内容
1	企业管理架构设计	设计以基于混合云的中铀云管平台和大数据中心为核心，铀矿生产企业为边缘，生产车间为终端的一体化“云-边-端”三级天然铀生产管理体系。在水冶厂等环境利用企业生产内网，通过 OPC、行业协议等通信方式，实现生产设备数据实时采集；在井场等空旷地区利用 5G、北斗和窄带等通信方式实现数据的远距离传输；利用边缘物联网引擎完成办公管理网与生产内网的安全摆渡，实现对生产车间的远程控制；通过分级管控，可用无线通信、商网和运营商光纤的方式实现企业数据上云，为中国铀业开展云上生产管控提供基础数据
2	数字铀矿山架构设计	逐步完善中国铀业智慧地浸铀矿山“12345”内涵。一个目标，实现天然铀开发全生命周期的智慧运营，达到劳动生产率高、安全环保水平高、经济效益好的目标，支撑中国铀业打造成具有核心竞争力、以铀为主的国际知名矿业公司。两条主线包括：企业管理集团化，通过信息系统实现中国铀业对全球天然铀开发的实施管理；铀矿山生产智能化，利用先进信息技术实现铀矿生产企业打造成成采冶过程的远程遥控的无人化工厂。三个体系，以基础支撑体系为核心，建立中铀云管平台、云管数据中心、边缘数据中心和泛在物联网络等数字化基础设施；以标准规范体系和安全保障体系为两翼支持，建立数字铀矿山天然铀企业标准，规范成员单位数字化建设工作，构建中国铀业网络安全体系和数字化专业运维团队，保障信息技术在铀矿采冶行业的长期稳定运行。四大应用场景是通过信息集成打通天然铀开发全产业链条，在价值链的高度实现铀矿山全生命周期的效益最大化。五个核心能力包括：全面感知、实时分析、集成协同、可视管控、优化提升

续 表

序号	任务名称	主要内容
3	基础支撑体系建设	1. 网络层的建立将中国铀业建成天然铀开发领域数据交换的基础网络中心，包括商网和外网等基础网络设施以及通过网络融合形成商网和外部英特网的数据交互，以及铀矿山物联网、生产光纤、内部无线网和管理内网等多网合一研究。 2. 数据层的建立中国铀业天然铀大数据中心，最大限度汇总天然铀领域数据，挖掘行业价值和创新点，主要包括商网、外网数据库，具体包括生产数据、敏感数据、资源空间数据、党建数据、安全环保数据和行政管理数据库等。 3. 平台层以中铀云管平台为基础，作为天然铀开发的服务中心，为成员单位提供云计算服务、公共信息管理服务和大数据分析处理服务，支撑智慧应用以基础数据库和部门业务数据为数据来源，通过整合交换获取数据与信息，通过分析加工挖掘价值，最终提升应用的服务水平和协同能力
4	其他支撑体系建设	1. 根据物联网、大数据和人工智能等技术及其在铀矿采冶中的应用，完善数字铀矿山标准体系，补充修订标准体系表，建立健全标准一致性检测、符合性检测体系，形成智能市场准入、认证认可体系。 2. 安全保障体系也是重要的支撑体系，包括日常运行维护和网络数据安全两个方面。可确保铀矿山日常运行和数据安全

五、建议

（一）加强顶层设计，强化集团统筹规划

建议中核集团进一步在新时代发展战略的指引下，确立数字化

信息化发展战略，构建发展蓝图。通过实施一把手工程，全面推进数字信息技术的深度融合。提出更为明确的体系化的深度融合建设顶层设计方案，促进标准化建立，以打破信息壁垒、提升效率为目标，确定发展思路和发展路径。结合数字中国与数字化转型发展需要，研究制定面向 2035 年的数字核能发展战略。同时，结合“十四五”规划，制定集团公司数字核能发展规划。在战略与规划顶层设计指引下，注重重点项目策划，改善信息化建设基础条件，形成推进数字信息技术与核能产业深度融合的强力抓手。

（二）强化集团化运作，促进基础设施建设

应强化集团化运作，以数据集中为牵引，推动管理信息化建设，推动产业数字化发展，提升研发和生产水平；统筹策划推动以数据中心、云平台及互联互通工程等为代表的信息化共性基础建设，推动信息网络的互联互通；促进全产业链各领域在信息基础建设、信息资源、信息技术、信息人才等领域的优势互补、良性互动。

（三）多渠道筹措资金，采取经费激励政策

融合发展应通过多渠道筹措建设资金，强化经费支持。一方面采取国家项目资金支持，充分利用科技重大专项等国家专项资金，加大对融合发展共性技术开发、公共平台建设、试点示范项目的支持。另一方面集团及成员单位应将自有资金每年按一定比例划出，专项支撑本集团、本单位信息化建设。此外，中核集团可采取集中研发经费以及专项工程的形式，在项目中配套建设信息化项目。通过采取适当的经费激励政策，集中统筹向各单位拨付研发费用，用于专项定向支持数字化信息化建设。

（四）加强软件开发，实现技术自主可控

通过发挥专项资金的引导与促进作用，以实际需求为牵引，推动软件自主研发，提升中核集团软件自主能力。以工程项目为指导，加强包括用于事故模拟计算、反应堆仿真、核岛厂房建设计算等“卡脖子”软件技术以及基础性通用性软件技术的自主化研发。通过实现自主可控，确保供应链安全，保障信息化安全。强化软件核心竞争力，为中核集团智能化能力与信息技术深度融合提供优良的软件基础，形成先进数字信息技术与核能产业融合发展的重要支撑。

（五）实现编码统一化，推进标准化建设

不断强化编码的统一化、标准化建设，通过编码管理实现物资管理、设备采购、运输等全过程的跟踪及管控，促进业务领域各环节沟通、协同协作平台的建立，实现信息管理及交互。持续推进中核集团新建核电项目物资编码自建设期至运行期的统一工作，形成设备物资全生命周期的跟踪基础。在集团内部实现编码的统一的同时，将编码应用到与外部相关联的信息系统，实现全流程跟踪及管控。

（六）加强人才培养，提升核心竞争力

数字信息技术与核能产业深度融合的关键是信息化与核领域人才的高效配合，建议中核集团充分考虑信息化建设的需求，增强对复合型人才的引进和激励力度，在待遇、成长通道方面提供有力的政策支持。同时，帮助各类人才适应数字化转型发展需求，加强对各类人才的培训，不断提升数字化人才在中核集团的比例，以数字化项目为依托，培养数字化发展团队。并且，注重对信息化人才的

国际化发展进行引导，鼓励人才参与全球信息化发展交流与项目合作，提升人才的信息化发展水平，为国际化发展锻炼人才队伍。

（七）引领行业发展，推动相关领域数字化实施

制定以“市场机制为主，行政引导为辅”的发展机制，各领域工作要走出去，提升市场竞争力，在行业内起到引领作用，建立行业数字标准，提升行业站位，积极发挥央企示范引领作用。推动传统产业全方位、全角度、全链条的数字化转型，助力企业实现变革，促进技术创新、管理创新、产品创新、市场创新，提升产业基础能力和产业链现代化水平，引领相关领域数字化转型发展。

附件1

智慧核电厂发展战略研究

专题组成员

召集人：程慧平　中核集团战略与管理咨询委员会　研究员级高工

成　员：刘　巍　中核集团战略与管理咨询委员会　研究员级高工

马明泽　中国核电战略与管理咨询委员会　研究员级高工

徐　侃　核电运行研究有限公司　研究员级高工

王文升　核电运行研究有限公司　高　工

执笔人：王江国　核电运行研究有限公司　研究员级高工

刘　峰　核电运行研究有限公司　高　工

一、必要性与重要性

当今世界，以云计算、物联网、大数据、人工智能为代表的新一代信息技术日新月异，不断创新突破，数字化、网络化、智能化深入发展，对中核集团、中国核电的信息化发展都带来了新的要求和挑战。近年来，工业化与信息化融合发展逐渐成为国家战略，中核集团数字化转型建设总体方案中明确提出要建设数字核工业；以新发展理念为引领，以技术创新为驱动，以信息网络为基础，面向高质量发展，提供数字转型、智能升级、融合创新等服务的基础设施体系；稳步推进传统基础设施的“数字+”“智能+”升级，大力发展5G网络、物联网、云计算、大数据分析等一系列关键技术，实现“智慧核工业”的应用场景和创新管理模式，实现资金流、人员流、货物流、数据流的高水平监管和智慧化服务，为国家核工业建设提供技术保障。中国核电作为中核集团产业链中重要的成员单位，迫切需要利用人工智能、工业互联网等新技术实现数字化转型。在此背景及中国核电前期相对完善的信息化建设的基础上，中国核电适时启动“智慧核电厂”建设，打造工业互联网平台，促进信息化与工业化的进一步深度融合，拓展智能+，促进公司生产运营的转型升级。

核电的安全性、经济性是决定核电发展的关键，如何通过信息化和智能新技术应用，提升核电的安全性、可靠性和经济性，是中国核电发展所面临的突出问题。随着在现代信息技术的发展，在核电行业中工业化与信息化相互融合成为核电行业发展的趋势。信息技术与核电技术的融合能实现在保障核电的安全性、可靠性的同时有效提升核电的生产运营效率和经济性。

工业互联网作为新一代网络信息技术与制造业深度融合的产物，是实现产业数字化、网络化、智能化发展的重要基础设施，通过人、机、物的全面互联，全要素、全产业链、全价值链的全面链接，能推动形成全新的工业生产制造和服务体系，成为工业经济转型升级的关键依托、重要途径和全新生态。数字化核电厂是智慧核电厂的基础，而智慧核电厂则是数字化核电厂的完善、丰富和发展。随着系统、设备、构筑物数字化建模和智能化应用进一步成熟，核电厂朝着智慧化方向转型是核电先进运营技术的发展趋势。

核电厂作为最为复杂的工业系统之一，其运营管理技术水平提升对于提高核电厂安全水平和发电能力有着至关重要的影响。智慧核电厂是核电先进运营技术的发展趋势。

智慧核电厂是将核电厂主要智能现场设备和传感器联网，收集和报告仪表及设备的实时运行状态，自动生成多电厂绩效报告并实时呈现，通过应用云计算、物联网、移动应用、大数据分析等计算机技术，形成高度智慧化的专家系统，对核电厂的安全、运行、维护等各领域信息进行集成、分析、判断和预测。

在核电行业中，国内外多家核电企业都在探索核电运营的“数字化”“智能化”或“智慧化”整体解决方案。例如：某集团正在大力推动“智慧核电运营系统”项目研发，以此提高核电厂设备可靠性、降低人员辐射剂量、提高机组能力因子、缩短大修工期、减少人因失误、提升运行业绩。

核电行业在提升核电厂安全性及可靠性的同时，也导致了核电厂总体运作成本的显著增加。与此同时，随着天然气大量供应，新能源在电力市场的迅速扩张，以及社会总体电力需求的持续低速增长，给核电企业及行业的经济竞争性提出严峻挑战。近年来世界上陆续有多台核电机组宣布在运行许可证到期之前关停。因此核电行业开始寻求如何确保核电厂安全及可靠性同时，有效降低核电厂总体运维成本的技术及方式。智慧核电厂项目通过使用先进的现代化技术，在保持及提升核电厂安全性的同时，可以达到降低核电厂总体运行维护成本的目的。

目前全球相关公司如美国 EPRI、美国 NEI、法国 EDF、俄罗斯 ASE 等不同程度地开展了核电厂信息化、智能化的研究，其中 EPRI 进行了 13 个领域的现代化核电厂的研究。鉴于国外核电厂老旧型号居多，数字化基础薄弱、投资大，大多数均侧重于仪控数字化的实施。经 EPRI 测算，大多数核电企业通过实施智慧核电厂项目能使其固定运维成本降低 50%左右。

二、进行信息化深度融合已具备的基础和条件

（一）政策环境

2015 年，国务院印发的《中国制造 2025》指出，要把结构调整作为建设制造强国的关键环节，大力发展先进制造业，改造提升传统产业，提出“力争用十年时间，迈入制造强国行列”战略目标。2017 年，“智慧核电运营系统研究及示范项目”被纳入《能源技术创新“十三五”规划》，推动核电产业向智能化、智慧化新形态发展。

在国家大力推动人工智能与实体经济深度融合的大背景下，《中核集团新时代发展战略纲要》提出“数字技术革命为核工业加快转型升级提供了新动能”，并在《中核集团创新 2030 工程》提出了“到 2030 要初步建成智慧核工业”的战略目标。

2020 年 8 月 21 日，国务院国资委发布《关于加快推进国有企业数字化转型工作的通知》要求：为贯彻落实习近平总书记关于推动数字经济和实体经济融合发展的重要指示精神，落实党中央、国

务院关于推动新一代信息技术与制造业深度融合，提升产业基础能力和产业链现代化水平，打造能源类企业数字化转型示范、实行数字化转型一把手负责制；2020 年 9 月 2 日，中核集团发布《关于开展集团公司数字化转型工作的通知》要求：将组织编制数字化转型专项规划，加快推动集团公司数字化转型工作。此外，由中国核电工程有限公司牵头，中国核能电力股份有限公司、中国核动力研究设计院等单位参加，成立了专项工作组，针对“华龙一号”核电工程设计、试验、建造、运行及退役等多个环节，共同推进智慧核电建设。

“十四五”期间是国内能源企业和电力市场变革转型的关键时期，同时也是“中国制造”战略迈入世界制造强国的关键时期，这对中国核工业集团来说是机遇也是挑战。为此，核工业集团制定了数字化战略及 JYK 重点任务，力争实现数字矿山+核燃料智能工厂+数字化核电厂+数字核电。

中国核能电力股份有限公司作为中核集团的一大子公司，围绕规模化、标准化、国际化的战略，通过概念设计、纲要设计、详细设计、应用实现，已完成智慧核电概念框架，制定了智能核电 TED 以及智慧核电科研的目标，确定了 22 个应用方向和 66 个行动方向。在后续的智能核电建设工作上，建立“覆盖面广、管控度深、预警性高、响应快速”的核安全主动防御与保障体系，确保核电厂的安全、可靠运行；实现板块及各成员单位生产、经营管控的业务协作、直观可视、统筹分析，保障中国核电整体资源共享与高效运营；实现核电全寿期资源的充分利用和各相关行业的优势互补，确保规模化发展与经济运营。

（二）已有基础和条件

2018 年 11 月，确定了数字核电 8 项研究课题，有部分项目已有一定基础，开展项目包括大数据平台及应用项目（DSP）、核电厂安全生产管理系统、核电工业互联网平台关键技术研究、核电厂工控信息安全关键技术研究、核电厂智能维修关键技术研究、核电厂在线仿真关键技术研究等。其中大数据平台及应用项目（DSP）、核电工业互联网平台关键技术研究、核电厂工控信息安全关键技术研究都已有阶段性成果。

目前，中国核电主要成员单位秦山核电、江苏核电、三门核电、福清核电、海南核电等均已完成两化融合贯标和信息安全（ISO 27001）、ITSS 体系认证；中国核电信息化水平评价持续达 A 级，总体水平稳步提升。

在信息化管理体系建设方面，参照国际标准及方法论，中国核电建立了完整的网络安全及信息化管理体系，用于指导中国核电网络安全及信息化建设及运维工作。

中国核电以国家网络安全法及 ISO 27001 国际标准为基础，融合等级保护 2.0、电力监控系统安全防护、中央企业商业秘密保护、企业内部控制等，从“技术防范、管理提升”两个主线出发形成中国核电的网络与信息安全管理体系。

期间，中国核电信息化工作取得的成果及具备的基础条件体现在以下方面：

1. 网络安全监督体系建设

全面贯彻落实国家网络安全法和网络安全责任制，完善网络安全管理制度体系建设，制定网络安全评价指标并纳入中国核电安全生产评价指标体系，落实网络安全监督，量化网络安全风险水平；严格落实网络安全等级保护制度，完成中核集团网络安全等级保护审计，形成常态化的等级保护工作机制；推动关键信息基础设施安全防护工作，完成相关核电机组的电力监控系统（涉网部分）安全防护加固改造，满足国家部委及行业合规性监管要求；试点建立网络安全态势感知平台，落实中核集团网络安全基线防护措施，开展网络威胁预警、安全监控、防护和应急处置流程优化，推动网络安全防护能力提升；成立了“网络安全实验室”，参加公安部组织的网络安全攻防演习，完成防守目标；建立中国核电重要活动期间网络安全保障机制，未发生重大网络安全事故；建立了异地灾备中心。

2. 完善信息化管理体系建设

围绕中国核电“三化战略”的总体工作方向，结合中国核电信息化管理和机构调整现状，完善 IT 项目管理体系、运维管理体系、信息化治理体系建设，规范信息化需求与项目建设流程，发布并升版两化融合、信息化项目等相关管理程序，建立 IT 项目管理手册、IT 技术架构管理要求、“IT 十大问题”管理与协调解决机制，投用配置管理流程，组织完成 ITSS 认证和复评、ISO 27001 认证、两化融合贯标和复评等工作。

3. 统建系统建设

完成了重要系统 4E（EAM、ERDB、ERP、ECM）的统建工作；

优化与完善 EAM 系统功能与系统性能，组织完成标准化生产管理信息系统版本升级至 EAM 4.0，形成了一整套可复制推广的 EAM 文件体系和系统架构体系，组织完成 EAM 4.0 在秦山、福清、海南核电单位的全面复制推广应用。正在开展 EAM 国产化、自主化，ASP-1 平台的建设工作。

完成 ERDB 4.0（设备可靠性数据库）的建设工作，组织 ERDB（设备可靠性数据库）在运行电厂的复制推广应用，为提升运行电厂设备可靠性提供了信息化保障。

组织完成 ERP 系统在三门核电、中核海洋、中核汇能等 10 多家中国核电旗下公司的复制推广工作；顺利开展 ERP 二期项目建设工作，完成财务共享、数字供应链、培训与岗位授权、资金与预算、备件管理的建设工作；完成 ERP 系统架构与系统版本升级工作。

已实现ECM在中国核电及各成员单位的复制推广应用，组织完成ECM二期项目在秦山核电的试点应用，优化了流程平台与流程表单。并组织完成了ITASK、邮件系统、外事系统、一卡通系统、核电云盘等一系列统建系统、软件在中国核电全板块建设与推广。

针对统建系统，已建立统一运维体系，实现了规模化效益。

4. 完成了IT基础设施转型升级工作

结合IT技术发展趋势，开展云平台建设，"十三五"期间以云平台为基础IAAS（服务器服务平台）正式投入运行，标志着公司信息化基础设施开始转型升级，以适应新一代信息化建设需要；开展数润大数据平台、三维可视化平台研究和试点应用工作，为智慧核电厂建设打下了基础。

5. 信息化队伍能力提升

通过多年的信息化项目实施、软件开发和信息化基础设施建设，逐步形成了一支专业化能力、实操能力强的高素质信息人才队伍，研发的诸多信息化产品成功推广，形成了品牌效应。

（三）智慧核电厂发展现状

1. 美国

在2013年，美国电力科学研究院（EPRI）创建了数字设计指南，整合了数字工程和安装数字控制技术的最佳实践。2018年11月EPRI更新和升级该指南，称为数字工程指南。整合了风险知情决策，帮助用户能够根据风险水平来调整数字控制和系统的大小。

EPRI研究成果表明，核电厂智能化的建设可以减少50%的运营和维护成本。针对现代化核电主要涉及数字化升级、风险评估工程和决策、电子工作系统、状态维修/设备可靠性在线监测、构筑物健康监测等11个领域。

数字化升级：发布了"数字工程指南"，确定了一种发现需求并进行核电厂数字系统设计的综合系统方法；发布了《高可靠性数字控制器在核领域的应用指南》。

无线网络/电磁兼容性：发布了“无线技术评估”，提供了确定手机和其他无线设备与核电厂兼容性评估的技术与方法；修订了用于电子设备与核电厂设备电磁兼容性的指导意见。

风险告知工程与决策：完成“网络安全技术评估方法”的开发，用于解决网络安全问题；发布了《10 CFR 50.69 风险知情分类指南》，为工厂系统分类提供了分步指导。

基于状态的设备可靠性维护/监测：发布了 19 份典型类型设备的持续在线监测导则，介绍如何用传感器和自动化取代定期维护任务；这些监测技术已经被集成到 EPRI 的预防性维护基础数据库（PMBD）中。

辐射监测：开了包含远程监测等技术导则，完成人员实时跟踪定位系统实用性及有效性的审查。

构筑物健康监测（SHM）：完成用于监测管道系统中气体空隙的超声 SHM 技术的测试及在某厂运行的给水加热器外壳上进行了 SHM 系统样机的现场应用等。

自 20 世纪 90 年代以来，美国 Exelon 公司一直是美国核能数字控制技术的领导者。Exelon Generation 已经为非安全相关的系统开发并实施了标准化的数字解决方案，如给水系统、涡轮系统、反应堆液位控制系统和发电机电压调节器。Exelon Generation 实现了 EPRI 的数字设计指南，并开发了一个内部程序来量化每一次升级的风险和后果。

美国核电建设早，机组大多比较旧。由于 WIFI 覆盖技术费用高，仍有一定运行生产风险及工业信息安全风险，美国核电目前并没有全面开展 WIFI 数据传输技术，相反只是在非常个别的电厂有应用，并且只在常规岛和 BOP 应用。同时 EPRI 正在研究 DAS

(Distributed Antenna System)技术，即分布式天线系统，这是代替WIFI技术的一种无线传感器传输技术，这项技术实施应用成本低，风险可控，是推荐的取代WIFI的数据采集技术。目前美国Exelon和杜克集团已经开始应用该项技术。

此外，美国核能研究院（NEI）开发了电子工作包并在核电厂使用，实现了信息化技术在电厂大修现场的有效应用，减少了人因失误概率，提高了效率；美国核电运营商Entergy公司管理的Waterford 3号核电厂已成功使用达索4D工程解决方案通过关键路径方案优化来持续有效地减少停机。

2. 俄罗斯

俄罗斯ASE公司是目前采用PLM系统/数据中心模式的最前沿的公司，依托达索、西门子等软件平台，ASE公司打造了一套完整的多维信息化管理系统覆盖整个EPCS周期，效率提升40%。ASE公司主要技术路线为全寿期数据平台+多维度模拟仿真与决策支持系统，并向三维虚拟电厂运营延伸。目前已有两个电厂的实施经验。

3. 法国

AREVA NP公司开发了EPC工程项目信息化管理系统，开发了AIMS（AREVA Information Management）用来管理所有设计规范数据的一致性，变更管理工具，数据和文档管理，任务管理和KPI分解，包括接口管理及授权，该工具在OLKILUOTO，FLAMANVILLE和台山EPR项目应用。2008年AREVA NP开发的GALAXY系统帮助美国UNISTAR实现全寿期信息管理系统，整合了EPC、业主运营单位的需求。AREVA NP的数字化转型软件工具为全寿期信息管理系统+协同设计与工程项目管理系统。AREVA TA开发的全套PLM系统支持核项目的设计和实施，是迄今为止最成功的PLM应用之一，广泛用于技术要求，工况管理，数据共享，成本监控，数字化移交，经验反馈利用及工程优化。AREVA&EDF 公司致力于打造协同设计平台以设计 EPR 新机组，新设计方法加速了现有的 PLM 项目覆盖 EPR NM 初步设计阶段。主要技术路线为全寿期数据平台+三维协同设计平台。

（四）存在的问题

在完善信息化管理体系、推动八大核电标准信息系统建设的同时，中国核电信息系统在各业务领域有效应用、数据中心建设、数据资源共享、IT 管理体系与培养队伍层面还存在不足，主要体现在以下方面：

1. 网络架构与数字化需求存在较大差距

目前中国核电的网络架构相对传统，与当前的数字化转型、数据需求等要求存在较大的差距。工业互联网平台尚处于建设中，未得到应用；同时结合 5G 的深化应用，都对当前的网络架构提出了很高的要求。

2. 信息系统之间数据贯通性不足，缺少数据应用规划

中国核电信息系统基本已覆盖生产、经营和管理的各个方面，对于工作效率的提升产生了很好的作用，但很多信息系统主要集中在实现了工作管理的流程化，系统之间的数据贯通缺乏顶层设计，未能有效建立数据治理体系，导致单个系统的运行速度虽然比较高，但系统之间配合运行时总体效率不高的问题，系统数据缺乏整合、深层加工不足等问题。中国核电虽然已拥有大量数据资产、但缺少数据应用规划、大数据平台等工具，历史数据未得到充分挖掘应用。

3. IT 人员结构的合理性存在不足，缺乏领军人物

中国核电 IT 人才主要分布于各核电厂，虽然根据工作任务会跨电厂协同；但因地理、行政分隔，各核电厂 IT 水平不均衡，对当前核电数字化转型没有起到有效的促进作用；同时 IT 内部相对缺少与核电厂生产相结合的复合型人才，缺少领军人物。

三、信息化建设基本思路和目标

（一）基本思路

以国家信息化和工业化“两化”融合为指引，以中国核电发展战略为引领，以“统筹规划、需求导向、数据驱动、标准共享、安全可控”为指导思想，以实现“内容信息化、信息数字化、数据标准化、标准数字化”不断推进数字型管理，以数据贯通为基础，计算机自动判断为技术路径实现核电厂的智慧化管理。

中国核电数字化发展定位为：以价值创造为目的，用数字技术驱动业务变革为战略。

1. 统一规划、统一标准

信息化建设要有长期规划、整体考虑，不仅要满足对现有业务需求的支持，更要考虑对未来业务需求的支持；实现整个公司范围内统一的信息架构，覆盖公司总部和各基地等各级管理层次，从规划、标准制定等各方面保证一致。

2. 集中管理、分级部署

根据业务和管理的需要、目前信息技术应用的经验教训、以及为了企业信息发展的整体趋势，应对生产维修、经营管理领域采取集中式的信息技术应用架构，统一管理信息资源；

3. 业务驱动

满足需求为目标是信息化的价值所在。深入地对核电领域需求进行挖掘，以业务需求为根本，务必做到平稳的系统实施与应用，使系统能真正地服务于业务需要；根据业务战略，确定业务需求优先级，重点关注、支持核心需求。

4. 管理配合

信息化建设要与中国核电“十四五”总体管理战略相匹配，以有助于达成公司的管理目标；

信息化建设既要适应中国核电目前的管理水平和现状，也考虑了未来的发展要求，并满足核电板块的管控和标准化要求，兼顾各核电基地要求。

5. 基础先行、成熟应用

信息化建设需要基础设施先行；在规划和建设企业应用架构时，采用标准化、组件化、集成化的解决方案，并且在系统架构和管控上都需要建立标准化。

6. 先进性与实用性平衡

信息化应用和技术平台的规划和实施应充分考虑最新的技术研究成果和案例，适应信息化主流技术发展的方向，尽量采用成熟的商业软件包和主流的技术平台，并能够结合中国核电业务、管理发展的实际，符合组织、文化及变革的力度，争取在 5 年建设期内实现信息化工作再上新台阶。

（二）发展目标

对已运行核电厂，以“提高效率，降低成本，提升核电厂安全性、可靠性、经济性”为目标，以“需求牵引、信息化数字化配套、一次规划、分步实施”为原则，以“影响大修关键路径的重要 SPV 设备”为重点，分三个阶段开展智慧核电厂功能化模块开发和相应的信息化数字化基础建设工作。在“十四五”完成智慧核电厂智慧化模块的技术研究、应用示范及部分核电厂的推广应用工作。

1. 智慧核电厂信息化基础建设

为了与各智慧化功能相匹配，开展三维可视化、微服务、数据中心、关键业务数据资源、智能知识资源、云平台、融合网等七个主要方面开展信息化配套建设，以工业互联网架构搭建智慧核电厂基础平台。

2. 智慧核电厂关键技术研究

在智慧核电厂功能模块开发及基础平台建设过程中，开展设备数字孪生、堆芯数字孪生、智能边缘采集终端技术、视频智能监控技术、融合网络技术、基于分布式云平台的时序数据库系统、分布式云平台技术、数据中台技术、智能知识图谱技术、图像精确识别、三维可视化技术、电子流程图、电子工作包、电子运行规程、微服务、智能终端等相关关键技术研究。

3. 智慧核电厂功能模块

开展并完成智慧辐射监测与防护、无人值守控制室系统、工业安全智能监控系统、智能安全保卫系统、运行技术规格书辅助监测系统、电厂实时风险监测器系统、电厂全寿期数据链管理系统、移动电子工作包、核电厂 4D 数字化检修管理系统、DCS 配置管理及智能运维、数字堆芯开发和应用、设备健康管理系统、智能安全隔离、智能核燃料管理系统、电厂导航系统、智能巡检、智能化学、电子运行规程、智能维修管理系统、先进大修控制中心、智慧供应链系统、智能大修管理系统、全厂成本控制系统、停堆/停机风险监测器、智能培训等功能模块的开发及应用。

4. 智慧核电厂项目清单

策划并完善智慧核电厂在各核电厂的实施项目清单并按优先级排序。结合智慧核电厂体系的建立，通过汇总监管当局要求、中核集团及中国核电要求、各运行核电厂要求策划各核电厂认可的实施项目清单，并按优先级排序，结合实际情况逐步开展实施。

5. 智慧核电厂交流平台

建立国内设计院、监管当局、设备厂家、建造方、电厂、运行研究院、行业专家交流平台。通过该平台的交流，为做到智慧核电厂从设计到服役全流程管理做准备，对使用过程中的问题主动反馈到设计、厂家、用户等相关方，并跟踪完善，进而保障智慧核电厂可靠性及可运行性。

四、基本方案和实施路径

“十四五”期间中国核电将深化两化融合，对标网络安全管理体系、ITSS信息技术服务体系标准，进一步健全信息化架构和顶层设计，开展信息化治理体系提升与信息化支撑业务架构优化，有序推动中国核电信息系统由“业务驱动型”向“数据驱动型”方向的转变，全力推进智慧化应用研究与试点。

围绕中国核电经营发展、安全生产管理，建立符合中国核电业务特点的信息化架构体系，将业务、应用、数据、技术等领域紧密关联，使得各领域形成一个有机整体，以快速响应外部驱动、技术进步、战略调整等带来的各种变化对信息系统建设的影响。

智慧核电厂建设分为三个主要阶段，完成基础设施建设、关键技术研究及功能模块开发工作，完成部分核电厂推广应用工作。

第一阶段

开展并完成三维可视化、微服务、数据中台、关键业务数据资源、智能知识资源、云平台、融合网等信息化配套基础设施建设，以工业互联网架构搭建智慧电厂基础平台。开展设备数字孪生、堆芯数字孪生、智能边缘采集终端技术、视频智能监控技术、融合网络技术、基于分布式云平台的时序数据库系统、分布式云平台技术、数据中台技术、智能知识图谱技术、图像精确识别、三维可视化技术、微服务、智能终端等相关关键技术研究。开展并完成智慧辐射监测与防护、工业安全智能监控系统、智能安全保卫系统、运行技术规格书辅助监测系统、电厂实时风险监测器系统、电厂全寿期数据链管理系统、移动电子工作包、核电厂4D数字化检修管理系统、DCS配置管理及智能运维、数字堆芯开发和应用、设备健康管理系统等智能化模块研发及应用示范。

第二阶段

根据相关功能模块需求开展并完成其他相关信息化配套基础设施建设。开展并完成电子流程图、电子工作包、电子运行规程等相关功能模块的关键技术研究。开展并完成智能安全隔离、智能核燃料管理系统、智能巡检、智能化学、电子运行规程、智能维修管理系统、电厂导航系统、先进大修控制中心、智慧供应链系统、智能大修管理系统、全厂成本管理系统、停堆/停机风险监测器、无人值守控制室系统、智能培训等功能模块的开发及示范应用。

同时将在新建核电厂设计及建造中实现电厂全数字化和网络全覆盖的基础建设工作，为智慧核电厂功能的应用提供技术支撑。并在“华龙二号”型号设计上实现智慧核电厂全数字化和智慧化的设计基础。

第三阶段

完成智慧化功能模块及信息化基础构架的开发、完善和示范应用，具备全面推广应用条件。在完成智慧核电厂智慧化模块的技术研究及应用示范基础上，将智慧核电厂建设成果在中国核电部分核电厂推广应用，并根据应用情况持续完善改进，为更深层次智慧化应用奠定基础。

五、进行条件建设的重要内容

信息化的条件建设主要内容，包括软件、硬件建设。

（一）数字型管理建设

1. 目标

以数字型管理助力实现核电管理世界领先。首先针对核电厂的管理对象构建数字型管理的数据基础，包括基础数据库、数据基础架构、管理规范标准库，以及维持高质量的数据管理制度；然后基于 ERP、EAM、ECM 等系统开发以精细化管理为目标的数字型管理应用，为中国核电降本增效开创数字化道路。

2. 主要任务

(1) 为夯实数字型管理数据基础，需要编制管理程序，明确基础数据库、数据基础架构、管理规范标准库的管理要求和责任人。数据管理的总体要求作为数据治理纳入中国核电相关制度中。

(2) 以中国核电的大核源平台作为数字型管理的数据平台，建立数据平台的开发与管理的技术标准规范，掌握包括元数据管理、数据采集、数据建模、数据服务等数据加工技术。

(3) 分二个阶段构建数字型管理的数据基础。第一阶段通过实施数据资源开发项目，引入实施商在数据平台上构建数字型管理的基础数据库、数据基础架构、管理规范标准库，培养本地数据团队；第二阶段依靠本地数据团队优化完善数字型管理的数据基础。

(4) 开发数字型管理应用。推进电子表单数据化、岗位授权一体化、设备数据贯通、备件虚拟库建设、协同办公一体化等数字型管理应用；推动员工绩效、工单成本等数字化管理。

(二) 推进智能应用的研究与试点

1. 目标

以智慧运行为特色，数字型管理的数据基础和“新基建”的投资建设为支撑保障，研发核电厂智能化标杆应用，实现提升安全质量、提升管理效率、降低人人的目标。

2. 主要任务

(1) 开展智慧厂区规划，进行 5G 网络、融合网络、智能门禁的建设，支撑智能化应用，为秦山的大数据平台提供工业实时数据、工业视频及视频分析结果数据。

(2) 开展智能知识图谱研究。以中国核电文档资源为基础，汇聚中国核电电厂各类文档数据（技术规格、管理程序、记录文件、图纸、上下游文件等），利用现代大数据、人工智能技术手段强化处理并建立文件间的关联关系、文件产生者之间的关系、产生的时间、文件的有效性、以及人员利用的行为等多方面的关系，生成文件的知识图谱为目标，让用户简捷、轻松、精准获知文档数据、文档知识。

（3）IT智能运维。为改善用户系统使用体验，减少系统停机事件，提升系统问题处理速度，开展IT智能运维项目，实现智能系统巡检、智能问答等功能。

（三）推进中核集团数据中心建设

1. 目标

按中核集团要求，组织开展集团数据中心建设工作，完成集团数据中心楼宇、配套设施以及机房、网络、云平台等IT基础设施的建设工作。

2. 主要任务

（1）建设中核集团数据中心，占地2.6万m^2，总容量为2000个机柜。2023年初数据中心投入使用。

（2）中核集团数据中心网络、云平台等IT基础设施的建设。中核集团数据中心作为中国核电数据中心的核心，建设同城灾备中心。

（四）IT架构优化与调整

1. 目标

中国核电网络具备多种方式接入，安全、可靠的网络；中国核电信息具备一定的容灾能力，在数据中心不可用或电厂发生极端状况下，最小化的信息系统能支撑电厂届时状态。

2. 主要任务

（1）中国核电融合网络的建设。对中国核电现有的局域网进行改造，主要涉及园区接入方案。使其具备多种方式的接入，无线网、视频网、物联网等，并且提升终端接入的安全准入控制。

（2）中国核电外网混合云的建设。为提升中国核电网络的安全性，降低外部入侵的风险，将中国核电因特网接入的方式进行调整。取消 DMZ 区，通过专线或 VPN 隧道连接，规范因特网接入的应用服务部署，实施零信任认证系统。

（3）最小化生产信息系统建设。以达到数据中心不可用或电厂发生极端状况下，最小化生产信息系统能继续支撑电厂紧急状态下所需要的业务。

（五）IT 基础技术平台优化与提升

1. 目标

实现基础平台全面上云，开展国产化云数据库改造与迁移，基于核电安全生产管理平台推进微服务应用架构提升，推进管理网 IPv6 部署。

2. 主要任务

（1）基础平台全面上云。基于现有云平台，完善 IAAS 和 PAAS 功能架构，平台 IAAS 层主要包括云主机、云存储、对象存储、负载均衡等，PAAS 层主要包括 RDS、MongoDB、Redis 数据库等。制定应用和数据库基于云平台部署和管理方案以及所有服务器上云的迁移方案，实现基础平台全面上云。

（2）基于核电安全生产管理平台推进微服务应用架构提升。依托云架构，构建多活架构。实现统一技术平台以及统一的系统研发协同系统的目标，支撑核电业务系统运行，通过云平台的微服务治理模块研究微服务治理框架及开发运行体系，形成微服务架构应用研究报告。

（3）推进管理网 IPv6 部署。根据中核集团 IPv6 整体规划和分配的 IPv6 地址段，稳步推进中国核电管理网 IPv6 部署，所有网络设备启用 IPv4/IPv6 双协议栈，终端、服务器同时启用 IPv4/IPv6 地址，淘汰不支持 IPv6 的网络设备；应用系统完成 IPv6 改造和替换；制订规范，规定新采购的网络设备、安全设备、终端、服务器必须支持 IPv6，新采购或开发的软件系统必须支持 IPv6。在“十四五”期间，完成管理网 IPv6 部署工作。

（4）国产化核电安全生产管理平台研发与替代。以核电厂设备信息管理为基础，以工作管理流程为主线，将设备管理、工作管理、配置管理、运行管理、辐射防护管理以及安全管理集成一体，应用先进技术开发自主技术平台，解决目前采用的国外生产管理系统建设运维费用高、对外服务输出受限、新技术应用无法整合等问题，组织开展国产化核电安全生产管理平台项目的研发和替代。

（六）网络安全体系完善

1. 网络安全体系总体框架设计

建设纵深防御的安全技术体系；以现代身份治理框架和动态网络信任体系为核心建设安全基础设施；实现数据驱动的安全运营，建设人员、技术、流程相互结合的安全运营体系，三部分构建网络安全管理体系。如附图 1.5-1 所示。

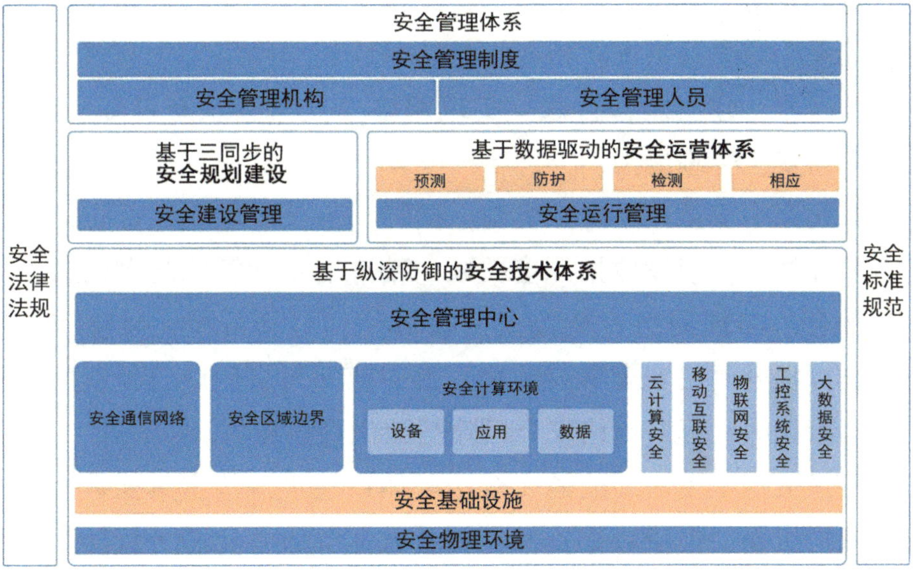

附图 1.5-1　网络安全体系总体框架

2. 目标

网络安全工作从合规性驱动到合规性、强制性和常态化驱动形态转移，持续推进网络安全监管和技术监督体系的落地，深化网络安全文化建设，融合安全生产体系，夯实全方位网络安全管理；持续完善以“一个中心、三重防护”为核心的纵深防御技术体系建设；提升威胁预警、风险分析与应急处置的安全运营能力，推动基于移动互联、大数据、新基建等新型技术领域的新一代网络安全顶层框架设计，构筑网络与信息系统原生网络安全能力；打造网络安全运营、攻防兼备的网络安全人才梯队；实现网络安全可防可控、精准防护、智能防御的防护目标，筑牢网络安全防线，与信息化工作协同创新发展。推动安全管理提升，遏制网络安全事故发生，为公司信息化发展保驾护航，确保网络与信息系统安全。

3. 主要任务

（1）网络安全管控体系优化

建立网络安全监管控平台。持续推进网络安全监管和技术监督体系建设。完善网络安全指标评价体系，建立网络安全监督闭环管控跟踪平台，建立监管台账，实现网络安全监管状态可知、可评，提升网络安全管理能力。

深化网络安全风险防控机制。围绕“一个中心、三重防护”的运营防控体系，建设数据深度关联、精准防护、智能防御的数字化运营平台，实现网络安全数据可视可信、可管可控，风险深度分析，支撑提升网络安全事前预警、事中感知与事后应急处置的动态安全运营能力，提升网络安全风险精细化管控能力。

推进数据全生命周期的安全治理体系建设。落实重要数据分级分类保护机制，摸清数据资产、划分数据等级、实施分级防护、强化数据安全运营，构建数据安全生命周期的安全治理体系，保护大数据安全。

网络安全文化建设。培养网络安全运营、攻防兼备的网络安全人才梯队；打造全员参与的网络安全文化氛围，实施网络安全文化引领，强化员工行为规范的导向和约束功能，融入核安全文化体系，提升全员网络安全意识，降低人员行为风险。

（2）网络安全分析与检测技术能力建设

构筑新型技术防护顶层设计框架。加强 IPv6 环境下移动互联、云计算、大数据等领域的网络安全技术、管理及机制研究，绘制新一代网络安全顶层框架，增强新的信息基础设施领域网络安全保障能力。

提升网络安全检测与分析能力。建设网络安全检测能力平台，提升信息系统全生命周期的安全检查、上线检测、代码审计等风险检测评估检测手段；基于网络安全数据驱动，汇聚终端、用户、设备、网络行为风险数据，建立数据深度关联的风险分析平台，实现威胁预警、态势感知、溯源取证与联动防控，提升网络安全风险分析与预警处置能力。

建立零信任网络安全技术框架体系。利用 SDP 软件定义网络边界、接入设备（预认证预授权），建立终端接入信任通道，构建数字化身份安全认证体系，实现设备、用户、业务访问行为、信任评估可视化，动态的访问控制态势感知；打通内外网终端接入边界，实现移动业务应用与远程办公的无边界化接入场景；实现业务与授权深度耦合，建立网络自适应风险和信任评估机制保护业务数据和网络安全。如附图 1. 5-2、附图 1. 5-3 所示。

（3）加强生产网络的防护能力

通过生产控制大区边界入侵检测与防御的技术研究确立单向隔离装置网络安全联动技术手段与实现方式方法，研究主机网络安全监测的技术指标，开发形成一体化方案与成熟产品部署应用，为监控网络空间内计算机、网络设备、安防设施等设备上的安全行为，进一步完善电力监控系统安全防护体系，推动网络安全管理从“静

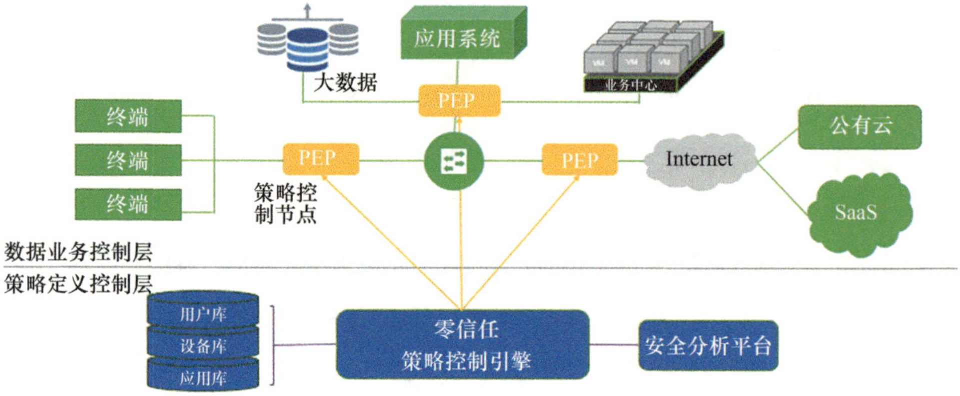

附图 1.5-2　零信任框架逻辑图

5	零信任安全体系	零信任体系化安全建设基本完成，持续自适应风险和访问，安全防护体系持续优化
4	自适应策略下发与响应	自适应的的安全策略下发，自动化的安全分析和处置，安全相应
3	终端设备安全	可信环境感知部署，增强终端安全，设备和用户双重可信
2	用户和实体行为分析	设备资产和行为检测，终端安全状态和用户行为持续监控
1	零信任网络访问	建立初步的用户可信访问通道，账户、认证和授权

附图 1.5-3　零信任框架建设路径图

态布防、边界监视”向“实时管控、纵深防御”的转变，全面实现“外部侵入有效阻断、外力干扰有效隔离、内部介入有效遏制、安全风险有效管控”，保障电厂生产控制大区不受攻击的最终防控目标。

六、效果分析

在实现业务量化的基础上，强化物联网建设，深化大数据挖掘，推进管理变革创新，将先进的信息技术、互联网技术和管理技术深度融合，实现管理的数字化感知、网络化传输、大数据处理和智能化应用，从而使核电厂呈现出风险识别自动化、决策管理智能化、纠偏升级自主化的柔性组织形态和新型管理模式的智慧核电厂。以发电过程的数字化、自动化、信息化、标准化为基础，以管控一体化、大数据、云计算、物联网为平台，集成智能传感与执行、智能管控与优化、智能管理与决策等技术，形成智能发电运行控制管理模式。具体融合应用效果分析如下：

（一）移交接产

利用智慧核电厂建设，落地并完善工程数据数字化移交业务标准建设，促进移交工作标准化、数字化，打通工程建设与生产运营间的数据共享通道，提升移交接产数据质量；利用信息集成技术、智能终端及物联网技术（如仓库移交盘点）、数字化扫描技术等，丰富数字化移交手段，拓宽移交接产渠道；通过数字化移交工作，接收核电工程总包公司交付的三维设计模型、全寿期数据等数据资产，减少核电厂基础数据的收集与整理工作量，提高移交接产效率。

（二）核电厂运行

利用核电厂数字化设备或进行数字化改造，提高设备智能化水平，提升核电厂数字化、智能化运行能力；建成基于实体核电厂运行、智慧核电厂仿真与预测的双电厂体系，对核电厂高风险工作进行模拟与仿真，提升核电厂运行安全性。完成能统一、集成管理核电厂全生命周期业务、数据和资源的全寿期平台，接收工程建设数字化移交成果，实现对电厂配置进行数字化管理；建成核电经营、生产数据分析平台，有效支撑核电安全、可靠、高效运营以三维数字化电厂模型为基础，通过统筹监测、分析全厂各类设备的运行状态、环境参数变化、资源保障情况，来预测核电厂的运行趋势，科学动态识别存在的运行安全隐患并快速反应处置，保障运行安全。

（三）核电厂设备管理

以设备管理为核心，围绕核电厂运行、延寿、退役全生命周期业务管理，建立安全可靠、稳定高效的数字化、智能化运营环境，支撑核电厂规模化、标准化发展。通过收集设备历史运行日志、实时信息，实时感知设备运行状态及各类监测参数的变化，利用大数据分析、建模、预测技术，对可能发生的设备故障提前诊断、预警，精准运维，保障设备安全。建成基于三维数字电厂的可视化配置管理，全面提升电站配置管理能力；建成基于设备可靠性的智能分析预测系统，为核电厂设备安全、稳定运行提供保障。

（四）现场作业安全

利用智慧核电厂建设，开展业务标准化建设，增强员工业务操作规范性，提升操作安全；利用三维虚拟仿真、VR（虚拟现实）等技术开展操作模拟和培训，使员工事先熟悉操作环境与流程，减少人因失误；利用核电厂数字化设备或进行数字化改造，增加设备智能化水平，操作过程中使用智能装备使员工及时感知工作环境变化，保障作业安全；利用智能感知设备对员工培训和操作过程等环节进行行为数据采集，通过大数据及仿真技术进行验证分析，监控并优化操作，保障现场工业安全；通过事后的多电厂经验反馈与分享，持续提升现场作业安全。

（五）核应急体系

应用三维、大数据建模等多种技术建立严重事故的扩散与响应模型，建立数字化与智能化的核应急联动机制。通过数字化、智能化技术与工业化的融合应用，建立“覆盖面广、管控度深、预警性高、响应快速”的核应急联动体系。建成集中化的远程数据监视、分析、故障诊断系统和核电大数据平台，为核应急联动体系提供基础。

（六）员工技术能力

利用智慧核电厂建设，持续推进业务活动标准化建设，利用信息系统，实现业务活动全覆盖，利用信息系统的快速计算、查询、分析、统计等能力，以及网络通信的便利性、及时性等，提升员工工作效率；利用三维虚拟电厂、VR 等技术对员工进行培训，加快新员工对工作的熟悉速度；利用大数据等技术，建设工作知识库和信息分析的工作平台，实现信息的分享、辅助决策及经验反馈，提升员工工作效率；利用智能终端等移动技术，实现办公、巡检、维修、仓储等工作的移动化，有效提升工作效率。

（七）核电厂工程、生产、经营协同

通过传感器、智能仪表等装置及时感知电厂、设备的运行状态，辅以基于预测性维护的设备可靠性管理及三维虚拟电厂仿真等内容，提升电厂整体运维效率。通过运营与设计、采购、施工、调试各阶段的协同管理，提升工程建设期进度、费用、安全、质量、采购等领域的管理效率。建设整合共享的信息资源池，实现统一标准下的可靠而准确的纵向贯通、横向集成。高度集中相关业务应用，由条块分割的部门级应用向以“集成、共享、协同”为标志的企业级经营管控应用转变，实现中国核电整体资源共享和高效业务协作。

（八）核电厂决策

通过智能技术，建设面向决策、管理、执行的多层次、多维度管理驾驶舱，提供实时、准确的生产经营信息，有效辅助决策；利用大数据技术，聚合生产、经营、行业价值链及核电全产业的海量大数据，通过分析、建模和数据挖掘，实现对风险、趋势的预测，提供判断依据；利用数据的三维和可视化技术，直观地反映核电厂生产运行和经营的状态，清晰地展现业务管理全过程信息，助力运营人员、管理人员做出正确的决策，保障公司整体资源共享与高效运营。从而提高采购效率，降低库存成本、减少非停，提高安全保障，增加经济效益，提升运维智能化，提升工作效率、节约资金等。通过核电厂运维、经营、决策的良性互动，核电行业价值链及全产业的信息共享、互联发展，实现核电全寿期资源的充分利用和各相关行业的优势互补，促进核电规模化发展与经济运营。

（九）信息系统安全

在确保核电厂运行安全的基础上，紧跟智慧核电厂建设，建立安全、稳定的信息传输网络，践行安全与信息化同步规划、同步建设、同步运行思想。通过安全规划，建立全面覆盖运维、开发、服务全场景的安全防护体系与安全运行流程，形成安全运行的体系化、标准化支撑，全面建立“人+技术（平台、数据）+流程”协同联动的主动防御模式。保障生产、运营信息的顺畅传递；构建信息安全保障体系，实现从物理、网络、应用到数据的全方位的提升。利用企业云实现从前端用户访问到后台数据存储的安全防护，减少人为操作和外部访问造成的前端信息安全威胁；利用运维自动化相关技术，提升系统可用性，同时保障后端信息系统和数据的安全；利用可视化和大数据技术，对信息系统、网络运行全过程分析与监控，增强故障预判能力，持续提升信息系统安全。

七、结论建议

数字经济代表了发展方向，已成为经济增长的核心要素和企业竞争的关键领域。新一代信息技术是新一轮科技革命的核心，是全球创新最活跃、应用最广泛、辐射带动作用最大的创新领域，孕育着产业变革的巨大潜能，是我国构筑竞争优势、抢占发展主导权的关键领域。

核电企业是核工业体系内引领带动经济高质量发展的中坚力

量，加快数字化、智慧化转型将加速推进新技术创新、新产品培育、新模式扩散和新业态发展，推动企业更广更深融入并完善全球供给体系，促进我国核能产业迈向全球价值链中高端。加快数字化转型，将推动核电企业的生产方式、业务形态、商业模式等产生颠覆式重构，有机会发挥后发优势，实现换道超车，抢占新一轮产业竞争制高点。在当前复杂多变的国际国内新形势下，加快数字化、智慧化转型，将有效激发核电企业创新活力，降低核电企业创新发展的门槛和成本，加快构建实时、开放、高效、协同的创新体系，走出一条具有中国特色的核电企业发展创新驱动发展之路。

智慧核电厂建设是通过新一代数字技术的深入应用，构建一个全感知、全联接、全场景、全智能的数字世界，通过对数字世界全方位的精细掌控，优化再造物理世界的业务，对传统的管理模式、业务模式、商业模式进行创新再塑，进而实现提高效率、降低成本、控制风险、转换新旧动能等目的，从而让企业获得竞争优势。

智慧核电厂建设是以数字化愿景与战略为导向、数据驱动为主线、数字化应用为核心、数字化平台为基础，建立数字化生态圈，推动智慧核电厂建设要做到四个坚持：

1）坚持价值导向。推进数字化转型要坚持价值导向、避免技术导向。以获取实实在在的价值效益为根本目标。

2）坚持数据驱动。“数字化转型”要抓住数据驱动核心的要素，将连接、算法、分析，把这三个方面加起来。

3）坚持创新引领。发挥文化、组织、人才等的助推作用，加强数字时代核心能力建设，加强新一代信息技术及其应用产品学习和技术攻关，推动和支持创新成果和能力的输出。

4）坚持顶层设计与过程控制。做好企业数字化转型蓝图与推进路线图的顶层设计与过程把控，以应对整体数字化运营带来的高度复杂性与风险性，确保战略、业务、技术等的一致性和协调联动，促进整体协同效应的发挥。

为更好地推进智慧核电厂建设，提出几点建议：

1. 建立“数字文化”，加强顶层规划

智慧核电厂建设首先要做的就是理念和认识的转型。一是智慧核电厂建设是一项涉及数据、技术、流程、组织等的复杂系统工程，是一项长期工作，要加强战略性统筹布局。数字化转型不仅是一把手工程，更是需要全员、全要素的创新参与。智慧核电厂建设先转“形”，需从上自下建立“数字文化”的意识形态，企业内部自上而下打造与数字化转型战略相适应的组织文化。特别是加强高层对智慧核电厂建设的认识、理解以及数字领导力的提升，用数字化转型战略思维与企业发展战略蓝图融合，深化员工对数字化转型战略的认知，明确统一的行为和工作方式，持续激发员工接受转型改革的动力与活力。核电厂系统与设备复杂、安全要求高、管理繁多，核电数字化转型是一项极其艰难的过程，智慧核电厂建设需要长期的摸索方能有所建树。智慧核电厂建设是一项投资巨大、业务风险高的活动，智慧核电厂建设必须与业务规划紧密结合在一起，从业务数字化转型出发，推进智慧核电厂建设，避免投资风险，需要公司大力推进科研与试点项目建设。开展智慧核电厂建设，还应建立相匹配的治理体系并推进管理模式持续变革，以提供资源和管理保障，包括领导机制、管理机制、资金机制、人才机制等。

2. 设计与建造数字化移交

核电厂的数字化需要依赖核电厂设计与建造阶段的数字化基础，因此运行期核电厂的智慧核电厂建设必须与核电工程前端结合起来，做好数字化移交，建立核电厂全产业链一致的数据模型。同时利用运行阶段智慧核电厂建设的经验，反馈给核电工程前端设计与建造过程，提升核电厂设计的数字化、智能化水平，为运行阶段智慧核电厂建设奠定基础。

3. 构建“数字工作组织”，强化协同推进

智慧核电厂建设涉及的技术复杂度呈指数级增加，现有的 IT 部门无法独立支撑企业数字化转型。智慧核电厂建设中涉及大量新技术与业务的结合，在核电企业分工日益精细化的今天，知识与组织的跨界更加需要深度融合。智慧核电厂建设战略应以 IT 和业务深度融合为重点，突出数字能力建设主线。这就需要一个更加紧密的跨界组织甚至是专业组织，来协助公司强有力的推进智慧核电厂建设工作。

4. 自主化建设

信息化时代可以有章可循、别人做的可以充分借鉴，但智慧核电厂建设时代缺乏航图，核电行业的特殊性，更加迫切需要智慧核电厂建设的战略目标和内容，绘制不同于其他行业的顶层规划蓝图。同时也积极鼓励倡导各家单位在统一“底座”的基础上，适度个性化建设，因地制宜的匹配各成员单位实际战略目标。

5. 信息安全

网络安全是信息基础设施的一部分，数字化时代下，信息系统升级带来的是整个信息存储量成倍上涨，信息系统承载信息价值量的大小与信息系统攻击造成的损失大小成正比，给网络安全带来很大的挑战。同时，核电企业工控网、应急网、实物保护网、商网由不同的部门具体落实，能力和重视程度参差不齐，这就更加需要强有力的组织在一起，践行安全与数字化同步规划、同步建设、同步投运，全面建立“人+技术（平台、数据）+流程”协同联动的主动防御模式。加强信息安全在“人、器、术”三方面的纵深防御，推进新一代防火墙、互联网态势感知平等新技术新产品的部署应用，建设全面、卓越、可靠的信息安全保障体系；建设云计算数据中心和灾难备份中心。

附件2

核燃料元件智能制造发展战略研究

专题组成员

召集人： 韩瑞平　中核集团战略与管理咨询委员会　研究员级高工

成　员： 畅　欣　中核集团战略与管理咨询委员会　研究员级高工

毋　涛　中核集团战略与管理咨询委员会　研究员级高工

胡宜国　中国原子能工业有限公司　研究员级高工

居　倩　中国原子能工业有限公司　研究员级高工

李　军　中国原子能工业有限公司　研究员级高工

陈　旭　中国原子能工业有限公司　高　工

李海东　中国原子能工业有限公司　高　工

李维杰　中核第七研究设计院有限公司　高　工

执笔人： 李　缨　中国核电工程有限公司　研究员级高工

云效国　中国核电工程有限公司　研究员级高工

一、必要性与重要性

（一）必要性和重要性

“核工业是高科技战略性产业”，核燃料元件制造是核工业产业链的重要环节，核燃料元件智能制造是实施“数字核工业”的重要组成部分。先进数字信息技术与燃料元件制造融合发展是深入贯彻落实“核强国”方针政策，建设国际一流的先进核燃料科研设计生产体系，激发核燃料科研设计生产体系创新活力、发展活力和转型动力，推进先进核工业核心能力体系建设的需要。

1. 落实我国核工业发展战略，推进先进核工业核心能力体系建设的需要

为推动核工业创新发展，提升核心竞争力，中核集团在规划中，明确在信息化领域将进一步加强统一领导和统筹协调，突出一体化、整体性，以业务发展需求为牵引，坚持技术应用的适宜性和实效性，突出“两化”融合能力建设，明确发展路径，通过人工智能、大数据、云计算、物联网、5G 通信等新兴技术提高核工业技术，打造以信息化为主导，以机器大工业为基础的智慧化数字核工业。

2. 落实我国“核能走出去”战略的需要

随着我国“核能走出去”战略的实施，我国核燃料元件产业必将进入国际市场，参与国际竞争。因此，开展先进信息技术与燃料元件智能制造融合发展战略，实现核燃料元件制造数字化、网络化、智能化，对于推动核燃料元件产业转型升级，提高自主创新能

力，提升国际竞争力具有重要的意义。

3. 实现元件制造数字化、网络化、智能化，推进绿色制造，满足核燃料元件产业新形势下高质量发展的需要

为适应新形势下核燃料元件领域的发展要求，一方面要在跟踪世界先进技术的基础上，开展技术创新，建立具有自主知识产权的、世界一流的核燃料元件生产线设计、建造、运行管理体系；另一方面，必须适应新时代对核安全、环境保护的更高要求，开展生产工艺及装置的升级换代，实现智能制造，废物最小化，降本降耗，大力提高产品质量。

数字化、智能化技术突飞猛进，新技术与燃料元件智能制造深度交叉融合，将推进燃料元件产业等实现跨越发展。因此，需要开展先进信息技术与燃料元件智能制造融合发展战略研究，实现元件制造数字化、网络化、智能化，推进绿色制造，加快打造智慧核燃料循环产业等领域，不断形成新的动能和业态，推动核科技工业高质量高水平发展。

4. 构建燃料元件新生态，满足新时代可持续发展的需要

燃料元件科研、设计、生产体系庞大，呈现厂院分离的空间布局态势。燃料元件生产分为多种产品型号和多种工艺路线，分别由燃料元件生产工业体系的多个单位协作完成。

先进信息技术与燃料元件智能制造融合发展，形成研发、设计、建造、运维一体化协同能力、产供销一体化协同能力、基于数字孪生的优化迭代能力、工厂智能制造能力，构建以工厂全生命周期和产品全生命周期两条主线为核心的燃料元件制造数字化、网络化、智能化新型生态，在一定时期内，分别达到国内军工集团乃至世界同行业领域的跟跑、并跑和领跑水平，满足“十四五”及今后一定时期核燃料元件智能制造发展要求，实现核燃料元件产业可持续和高质量发展的需要。

5. 核燃料元件生产线存在诸如产线控制难、车间维护难、持续改进难、柔性生产难等问题，迫切需要通过智能化手段来解决

核燃料元件生产线现有产线控制手段单一，不具备自适应控制能力，需要运行人员大量参与生产线日常运行过程。生产流程包括干法转化、粉末制备、芯块制造和组件组装等工序，生产设备种类繁多，数量庞杂，不同的设备需要不同的人员进行专门监控、维护。车间内设备众多，控制相互耦合，缺乏基于数据和模型的分析方法，难以有效分析生产数据，改进生产流程，提升生产效率。柔性生产难：车间生产难以根据实际需求，对生产产品进行变更和对生产计划进行改进。缺乏知识沉淀系统，有经验的老员工退休后设备操作经验难以保留。

因此迫切需要综合运用云计算、大数据、物联网、5G通信等先进信息技术和先进制造技术来提升核燃料元件生产线制造水平，实现设备信息可视化、设备可持续改进、车间网络扁平化、传感器多点融合、知识经验可传承等。

6. 满足数字化、智能化软件自主可控的需求

随着国际形势的复杂变化，以及中美贸易战的影响，信息安全形势日益严峻，核工业领域软件的自主可控问题日益突出和紧迫。

由于缺乏行业背景，国产工业软件与核工业生产流程和工艺特点结合不够紧密，无法有效适应核工业生产管理流程，应用效果无法满足生产操作和生产管理的智能管控需求。迫切需要依托国内智能制造软件配套条件，研究先进信息技术与燃料元件智能制造深度融合的需求、对象、载体和工具，开发具有鲜明燃料元件智能制造特点的专用工业信息化系统，满足燃料元件产业“做大做强”的需要，为“核电走出去”提供基础保障。

（二）国内外发展现状

1. 国外发展现状

近几年，国外先进核燃料制造企业在智能制造转型过程中正处

于第三个发展阶段，即科技企业继续发展和提升自动化、数字化、网络化、信息化基础能力的同时，通过人工智能、大数据、物联网、云计算、5G 通信等新兴技术，持续沉淀知识和推行持续性知识管理，充分利用专家智慧，将专家知识嵌入到工作平台，实现知识的共享，提升创新能力。

美国提出“国家制造业创新网络（NNMI）”，而世界制造业的领军国家德国也提出了“工业 4.0”的概念，进一步明确了智能制造的概念，加快生产车间智能制造普及化的步伐。国外核燃料元件制造强企，法国 AREVA 罗曼厂核燃料元件生产线的数字化、自动化、信息化水平达到了国际一流水平。这也是国外核燃料元件制造企业具有核心竞争优势的重要条件。

俄罗斯核燃料产供集团（TVEL）管理委员会 2018 年下半年批准内部数字化的信息技术战略及至 2023 年的展望，计划在以下重点领域实施 130 多个项目：数字化制造、工程数据、运行生产管理、设备维护与维修、企业管理效率提升、生产安全、网络安全级信息技术基础构架。借助仿真技术，创建当前或未来生产场所的数字模型，从而能够选择设备的最佳布局，并建立理想的生产流程。另一个关键环节是将位于生产链各个环节的数据集成到集团一体化的产品生命周期管理数字平台中，创建一个互动的数字生态系统，使工作人员能够在产品整个生命周期中制造产品的“数字双胞胎”。引入生产管理系统以及生产设备保养与维修自动化，确保系统地提高劳动生产率和降低生产成本。

2. 国内现状

在国防科技工业“十三五”固定资产投资规划与信息化建设规划的指引下，特别是在智慧院所和智能制造建设中，国内以航空航天为代表的先进军工集团在两化融合方面取得了突出的成效，在自动化方面，正通过上述基础能力加上先进的无人化装备，升级为设计优化和加工生产的自主化。数字化方面，正通过全面打造“数字线”和基于模型的系统工程，提升为多尺度、全过程模型化。网络化方面，正通过从供应链层面的协同平台到单元级的传感平台，升级为万物互联，实时互感。信息化方面，正通过人工智能、大数据、物联网等技术，升级为数据互通、状态互知。知识管理及应用方面，通过加速“数据→信息→知识→智慧”这一提取过程，知识管理平台进一步升级为智慧工作平台，一方面为发展人工智能奠定基础，另一方面为工作人员提供一个能够与知识交互和共享的工作环境。

核燃料行业整体智能化水平较低，落后于国内其他先进制造行业，发展智能制造面临关键共性技术和核心装备、材料受制于人，智能制造标准、软件、网络、信息安全基础薄弱，智能制造新模式成熟度不高，系统整体解决方案供给能力不足，缺少跨界融合的智能制造人才等突出问题。

中核建中核燃料元件有限公司是我国最大的压水堆核燃料元件生产基地，具备800 tU/a生产能力，在核燃料元件制造数字化方面开展了一些工作，取得了一定的成绩，但与国外先进核燃料元件厂相比，还存在一定差距，一直处于学习和跟随阶段。

因此，相对于国内外先进制造行业，推动我国核燃料智能转型，环境更为复杂，形势更为严峻，任务更加艰巨。

二、已具备的基础和条件

（一）政策环境

1. 国内政策环境

全球范围的新一轮技术革命和产业变革正在兴起，国际产业竞争日趋激烈，国内工业正处于转型升级的攻坚时期，核心竞争力不足、资源环境约束强化、要素成本上升等矛盾日益突出，全面推进

“两化融合”在当代显得尤为重要。十九大在信息化领域提出“数字中国、网络强国、智慧社会”三大目标，强调新型工业化和信息化的融合；在经济转型、结构优化、转换动能方面，强调互联网、大数据、人工智能与实体经济的深度融合。

国家深入实施创新驱动发展战略，以建设世界科技强国为奋斗目标，为核领域科技自主创新发展带来了前所未有的大好环境和历史机遇。2020年政府工作报告提出要“发展工业互联网，推进智能制造”。近期，工业和信息化部发布了《关于推动工业互联网加快发展的通知》，推进信息技术与制造业的深度融合。国防科技工业局在《核工业“十四五”发展规划思路》中要求“积极拓展人工智能、大数据、区块链等新兴技术在核工业的应用”，核工业将深入研究与信息技术深度融合发展，为核工业转型升级带来新的驱动力。

2. 核能产业政策环境分析

核电的发展对天然铀、浓缩铀等核燃料元件等各类产品的需求也将增长。随着“华龙一号”压水堆核电厂的建设与推广，“核电走出去”战略的实施，以及高温气冷堆模块化电站、快中子堆示范电厂等第四代核电厂的技术发展，核燃料元件的产业规模进一步扩大，新型核燃料元件技术取得进展，核燃料元件产业也迎来了一个新的发展机遇期。

国家提出“核燃料加工立足国内，加快提升产能和技术水平，加快体制机制创新，提高国际竞争力”的发展方针，为我国核燃料产业发展提供了良好的政策环境。

《核电中长期发展规划（2011—2020年，调整）》提出，我国核电产业要积极参与海外核电项目开发与服务市场竞争，实施“走出去”战略。为配合我国核电产业“走出去”战略的实施，中核集团设立了“压水堆燃料元件设计制造”重点科技专项，目标是在近期内实现压水堆核电厂燃料组件设计、制造自主化，研制出具有自主知识产权的燃料组件。同时，为适应核燃料国际市场发展趋势，立足国内，面向国际，力争成为亚洲地区核燃料供应中心，计划建设新型的核燃料制造产业园区。

中核集团发布的《人工智能与核科技产业融合发展规划指南》指出：认识人工智能发展的“溢出”带动效应和重大战略意义，牢牢把握人工智能技术变革、创新引领的颠覆性作用，立足长远、强化引领，把握全球科技竞争主动权，强化科技融合创新、技术牵引突破，助力集团公司成为国际核科技发展的引领者、使能者，持续推动“创新2030”等重大战略实施，助推核科技各项技术水平全面提升、重点领域实现“领跑”，促进核工业产业生产力整体跃升和跨越式发展，实现集团公司“建设先进的核科技工业体系和打造具有全球竞争力的世界一流集团公司，推动我国建成核工业强国”的发展战略，加快推动高质量发展。

（二）已有基础和条件

1. 核燃料元件产业链配套基础

中核集团在“十三五”规划和信息化专题规划中，提出为了保障“到2020年，基本建成完整、先进、自主的核科技工业体系”的集团“十三五”战略目标，需要推动集团公司打造信息化环境下核工业的新型能力，实现“数字核工业”，支撑集团公司主业做强做优做大。其中，实现核燃料智能生产与元件智能制造；推广并深化企业资源计划（ERP）的应用，实现精益化管理；加强基础设施建设，建立数据中心、超算中心等基础服务是集团公司“十三五”信息化规划的重点建设任务。

燃料元件生产单位，根据国家和集团的要求，制定了相应的信息化发展规划。其中，中国核燃料有限公司制定了《中国核燃料有限公司“十三五”信息化发展规划》，中核建中制定了《中核建中核燃料元件有限公司信息化规划》，中核北方制定了《中核北方核燃料有限公司“十三五”信息化发展规划》，用于指导信息化建设，重点关注智能制造技术在核燃料和材料生产中的应用，并将其作为提高制造水平、制造效率和产品质量的重要手段。

在“十三五”期间也在国防科工局、集团公司有关规划的指导下积极推进数字化核工业的建设，积累和储备了一些先进制造方面的技术和成果。核动力院、中国核电工程有限公司郑州分公司都在积极布局智慧院所的规划和建设，紧跟时代的步伐，与航空航天领域先进企业进行对标交流，并通过技术科研掌握了一些虚拟仿真、三维可视化、物联网、集成控制、先进控制等技术手段，为先进信息技术与燃料元件智能制造融合发展奠定了基础。

2. 燃料元件智能制造技术基础

核燃料元件制造工艺过程复杂，从粉末制备、芯块制备、零部件加工、燃料棒制造和组件组装，具备流程性制造和离散型制造的特点，因此，在实现两化融合上需要应用相应的信息技术。

“十三五”期间，以中核建中为代表的燃料元件生产制造单位，认真贯彻落实国家对企业网络安全及信息化工作的相关要求，在中核集团信息化规划统一指导下，结合自身实际，充分利用集团信息化资源，广泛借鉴国内外同行信息化成功经验，紧密围绕技术研发、生产工艺、生产装备、产品制造、核燃料供应等业务环节，完善并搭建信息化支撑平台，将先进的信息技术与企业生产经营活动相融合，驱动企业技术创新、制造升级、管理变革与企业转型，积极探索信息化与工业化融合的方法与路径，不断提升核燃料元件制造数字化、智能化能力和公司精益管理水平。

在数字化制造能力方面：目前燃料元件生产线燃料棒制造、组件组装、零部件加工等主要工序采用了可编程数字化装备，建立了虚拟平台，为数字化制造奠定了基础。

在信息化管控能力方面：主工艺车间部署了 MES、ERP 等信息系统，实时掌握生产、人员、成本、采购等数据信息，建立了两化融合管理体系，提升了标准化能力。

在网络化支撑能力方面：在核燃料元件制造车间部署了工业控制网络、数据采集网络，实现了设备间的信息集成。

在自动化执行能力方面：燃料元件生产线部分核心工序具备了自动化物料输送能力，零部件的自动化加工能力，以及产品的自动制造能力，并构建了一个智能样板车间，其自动化覆盖度及自适应水平随着车间建设快速提升。

在智能决策能力方面：通过物联网，实现了燃料元件制造主要工序的数据集成，通过报表、趋势手段，为决策提供数据参考。

在信息安全方面，建立了公司信息安全等级保护体系，提升了公司安全管理水平。

（三）对标分析

近年来在“两化融合”“中国制造 2025”等政策的引导下，石油化工、航空航天、机械工业、汽车制造等领域开展了一批智能制造试点工程建设，并取得了一定的成果，形成了《智能制造能力成熟度模型》GB/T 39116、《智能制造能力成熟度评估方法》GB/T 39117、《信息化和工业化融合生态系统参考架构》GB/T 23004、《信息化和工业化融合管理体系 实施指南》GB/T 23002 等一系列国家标准。

智能制造能力成熟度模型涵盖人员、技术、资源、制造等四大方面，成熟度等级自低向高分别为一级（规划级）、二级（规范级）、三级（集成级）、四级（优化级）和五级（引领级）。

对标智能制造标准要求，核燃料元件智能制造能力等级在人员、资源、生产等要素方面基本达到了二级（规范级）阶段，局部如生产作业、能源管理等方面达到了三级（集成级），而一些汽车及家电制造、航空航天军工制造等先进制造企业目前智能制造能力等级已基本达到四级或四级以上。差距主要体现在以下几个方面：

1. 人员

缺乏知识管理体系、知识管理平台，无法实现人员知识、技能、经验的沉淀与传播。

2. 技术

——跨业务、跨部门间数据共享机制和技术支撑不完善，尚未形成企业级统一的数据中心。

——不同业务间的系统集成尚未建立。

——工业控制网络防护能力薄弱，大多还是依赖人工管理。

3. 资源

——关键工序设备的三维模型库不完善，不具备预测性维护和远程诊断功能。

——工业控制网络、生产网络和办公网络的防护措施不完善，不具备网络资源优化配置功能。

4. 制造

——缺乏产品设计的仿真及迭代优化工具，无法实现产品设计和工艺设计间的信息交互、并行协同。

——缺乏典型制造工艺流程、参数、资源等关键要素知识库，缺少数字化模型。

——缺少采购、生产和仓储等系统信息集成，无法实现供应链协同。

——计划与调度能力薄弱，无法基于安全库存、采购提前期、生产提前期、生产过程数据等要素开展生产能力运算。

——制造执行系统覆盖度不够。

——缺少设备故障分析、远程诊断、综合效率统计、故障知识库等。

——仓储物流没有实现自动化。

——没有实现全过程环保数据的采集与分析。

——没有建立节能模型，实现能流的精细化和可视化管理。

（四）问题总结

1. 生产制造车间层面

基础自动化、数字化覆盖度不高：目前现有的核燃料生产线除智能样板车间需少量人员操作外，其他主工艺车间无人化生产还任重道远。

产线控制难：测量感知手段绝大部分是依赖于非智能型仪表的远程数据传输，部分工艺参数设定和控制多依赖人工经验，感知能力低下；现有产线控制手段单一，尤其是化工流程，不具备自适应控制能力，需要运行人员大量参与产线日常运行过程中。

车间维护难：车间内设备种类繁多，数量庞杂，不同的设备需要不同的人员进行专门监控、维护。

持续改进难：车间内设备众多，控制相互耦合，缺乏基于数据和模型的分析方法，难以有效分析生产数据，改进生产流程，提升生产效率。

柔性生产难：车间生产难以根据实际需求，对生产产品进行变更和对生产计划进行改进。

经验保留难：缺乏知识沉淀系统，有经验的老员工退休后设备操作经验难以保留。

固定资产易损耗：制造生产用的设备会随着使用而逐步损耗，每隔一段时间就面临淘汰替换更新问题，固定资产投入产出比率较低。

2. 工厂运营层面

信息化能力不足：能源管控还需要大量人员进行操作及监控，且在能源使用优化方面还有所欠缺；质量管控单纯依靠 MES 系统提供生产信息进行支撑。

信息利用率不足：科研、生产和管理中产生的直接信息及衍生信息呈几何级数膨胀，其大部分处于无序、孤立状态，自主识别、学习、控制能力严重不足，不能进行有效整合、建模和系统利用。

工厂运营耗费人力大：无线覆盖率及设备智能巡检、检修等水平不高，事故应急处理能力不足，如发生事故，应急成本高。

工艺改进难：缺乏虚拟化、模型化、三维化信息系统，对于工艺改造提升、新工艺研发等能力缺乏信息系统支持。

计划、采购、仓储协调能力差：无法实现供应链协同，无法实现采购风险及时预警，库存耗费大量资源。

智能决策能力缺失。

3. 产业生态层面

技术创新程度较低：目前主要依靠借鉴仿制形成的生产线的尚未完全掌握核心技术，使得在生产线关键设备在升级换代时存在不少技术风险，设计思想偏于保守，缺少先进的精益研发技术与管理平台。

产品和产线优化改进难：缺少与智能车间和数字化生产线相匹配的智慧化工作平台，无法实现产品全生命周期、产线全生命周期内的信息和资源共享。

产业创新模式落后：协同研发设计模式尚未建立，尚未真正形成“方案构思与设计→仿真分析→单体试验验证→集成试验验证”的迭代优化的研发设计模式。

三、基本思路和目标

（一）燃料元件智能制造定义

基于云计算、大数据、物联网、5G 通信等先进信息技术与先进制造技术的深度融合，贯穿燃料元件设计、生产、管理、服务等制造活动的各个环节，推动燃料元件制造的化工、粉冶、零部件加工、组装等核心工序具备自感知、自学习、自决策、自执行、自适应等功能，实现燃料元件制造环境的全面感知、生产数据实时采集、质量动态控制、物流智能调度和制造过程智能决策，从而形成精益、柔性、智能、绿色的燃料元件制造新模式。

（二）基本思路

树立“创新、协调、绿色、开放、共享”的发展理念，以中核集团新时代“三位一体”奋斗目标为指引，以基于模型的系统工程（MBSE）理论为指导，以先进信息技术与燃料元件制造融合发展为引擎，以燃料元件产品制造和生产设施运维的数字化、物联化和智能化为主线，形成燃料元件产业链横向集成、元件制造纵向集成和多维度端对端集成的一体化、协同化的新时代燃料元件智能制造能力，构建世界一流的基于模型的元件制造企业（MBE）与和谐发展的产业生态。

按照“总体规划，重点突破、需求牵引，创新驱动、融合共享、协同推进、多元参与、绿色发展、安全可靠”的原则开展先进信息技术与燃料元件智能制造深度融合发展研究。

1. 总体统筹、分步实施

高起点、高标准统筹设计，以实现核燃料元件产业转型升级发展为目标，总体规划，瞄准信息化建设的重点和痛点，分期分步实施，整体有序地推进信息化建设。

2. 需求引导、创新驱动

紧紧围绕集团发展战略，全面覆盖公司生产、经营、管理等各个关键环节，根据各类业务需求进行信息化工程建设。运用物联网、工业大数据、人工智能等智能化技术，创新驱动厂区生产运营信息化应用，具有一定的基础前瞻性和高可扩展性，满足公司未来若干年的业务发展需求。

3. 统一标准、融合共享

建设单位组织统一规划，其各部门、设计单位、系统集成商等遵照统一规划、规范协同建设，共同发展，确保信息化建设实现互联互通，资源共享。加强对信息资源的深度开发和利用，最终实现各业务系统的整合，实现信息资源融合共享。

4. 协同发展、安全可靠

根据各类业务需求进行信息化工程建设，确保业务生产、管理和服务系统协同发展，满足公司未来若干年的业务发展需求。同时根据信息化技术发展情况及趋势，选用先进可靠的技术，采用统一的技术架构和技术平台，统一考虑信息安全措施，重点考虑系统可靠性和稳定性，以及安全长效化，并降低信息化系统运维难度。

（三）建设目标

在企业层面，打造生产运行智能化、安全监管可视化、运营保障一体化的世界首条压水堆核燃料元件智能制造生产线和数字化工厂，融合生产和经营两大体系，全面提升产品质量控制、安全生产和运维保障能力，完成先进信息技术与燃料元件制造融合发展示范工程建设。实现精益管理、提质增效、安全环保、科学决策，全面提升企业竞争力，最终建成国际一流的核燃料元件产业基地。

在产业链层面，构建支撑创新发展、融合发展的信息化基础设施体系，构筑精细、柔性、智能、绿色的核燃料元件制造体系，形成创新驱动、融合共享、安全可靠、随需而变的核燃料元件智能制造生态新模式。

2025 年，核燃料元件智能制造能力成熟度全面达到三级，局部达到四级，具备系统集成、资源共享、生产协同、过程可视等特征，初步具备知识管理、预测诊断、数据分析、协同优化等特征，智能制造水平初步达到世界先进水平。

2030 年，核燃料元件智能制造能力成熟度达到四级，全面具备知识驱动、物物互联、大数据分析、预测诊断、供应链协同、优化决策等特征，智能制造水平全面达到世界先进水平，从“跟跑”转变为“并跑”。

2035 年，核燃料元件智能制造能力成熟度基本达到五级，具备知识沉淀与传播、基于模型的自优化、自学习、自决策等特征，智能制造水平达到世界领先水平，从“并跑”变为“领跑”。

四、基本方案和实施路径

（一）基本方案

1. 总体方案

遵循中核集团“数字核工业”顶层规划，落实“加强专业化领域总体能力建设”的部署，保障核燃料元件生产能力，确保产业安全可持续高质量发展。积极利用 5G 互联网、数字孪生、大数据、云计算等先进信息技术打造核燃料元件研发、试验、设计、生产等全生命周期数据管理与应用研究平台，并结合核燃料元件生产线实际情况，构建燃料元件智能制造体系架构，规划“1 个体系”，打造“2 大平台”，完善“3 个保障”，建设“4 个中心”，全面提升“5 个能力”，分阶段实施，实现先进信息技术与核燃料元件智能制造融合发展总体目标。

（1）规划“1 个体系”

形成全产业链的一体化、协同化的科研设计、生产制造能力，构筑精细、柔性、智能、绿色、协同的燃料元件智能制造生态，构建体系效能型燃料元件智能制造体系。

（2）打造“2 大平台”

1）一体化智能制造管控平台

建设一体化智能制造管控平台，实现燃料元件智能制造业务信息流的无缝集成，并通过大数据手段进行自主决策分析，指导企业生产、经营、管理工作。围绕产品和工厂全生命周期数字化管理两条主线，在数据标准化、企业管理标准化体系基础上，依托信息安全保障体系，融合生产和经营两大体系，构建一体化智能制造管控平台，重点打造综合保障、智能制造、运营管理和决策分析四个支撑，打破各应用系统之间的壁垒，消除“信息孤岛”，并通过大数据的应用，实现制造、营运、管理和决策的可视化、实时化、集成化、智能化，全面提升产品质量、生产效率。

2）智能制造工程技术支持平台

运用数字化协同设计和仿真技术、先进的专家系统和动态知识学习技术、设计成果数字移交技术、数字孪生技术，网络化支撑技术和智能决策技术等，构建与燃料元件智能制造相匹配的一体化智能制造工程技术支持平台。

一体化智能制造工程技术支持平台包括数字化燃料元件产品智慧研发设计协同子平台和燃料元件关键装备和生产设施智慧研发设计协同子平台。智能制造工程技术支持平台应具备全面支撑燃料元件产品、关键装备和生产设施研发设计、验证优化的功能，具备专家系统支持，动态知识的自学习、管理流程自由化和先进的数字化水平；支持虚实映射、迭代优化的数字孪生体搭建，具备制造环境的全面感知、生产数据实时采集、制造质量动态控制、制造物流优化调度和制造工程智能决策的先进数字化核燃料生产线系统和车间系统的能力；能够在集团或者区域级范围内实现知识共享，整体提升燃料元件产业的可持续竞争优势。

（3）完善“3 个保障”

建立完善支撑燃料元件智能制造架构的保障体系，包括企业标准化体系、数据标准化体系、信息安全保障体系，实现燃料元件生产厂区一体化协同运营管控平台内部各系统管理流程、数据格式和接口的标准化，以及工业控制网络和管理网络信息安全保障。

（4）建设“4 个中心”

以燃料元件产品制造和生产设施运维的数字化、物联化和智能化为主线，形成燃料元件产业链横向集成、元件制造纵向集成和多维度端对端集成的一体化、协同化的新时代燃料元件智能制造能力，涵盖燃料元件整个产业链的研发、设计、采购、制造、运维服务全周期过程，推动数据、流程、资源得到综合管理、有机沉淀、关联整合和有效利用，建设智能制造中心、产品技术优化支持中心、工程技术优化支持中心、数据和知识服务中心，为体系效能型燃料元件科研设计生产体系的构建提供支持。4 个中心总体构架如附图 2. 4-1 所示。

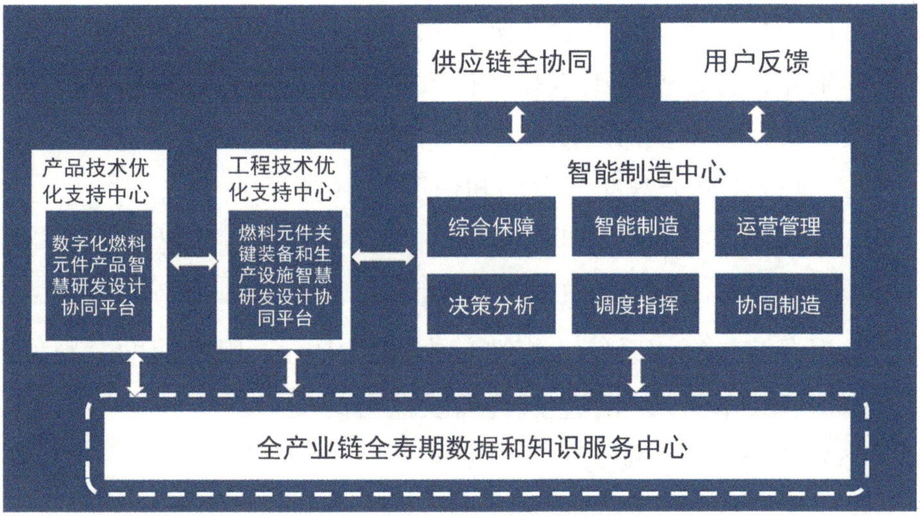

附图 2. 4-1 “4 个中心”总体构架图

1）智能制造中心

打造核燃料元件智能制造中心，激发核燃料元件产业的创新活力、发展潜力和转型动力，形成创新驱动、融合共享、安全可靠、随需而变的核燃料元件智能制造生态新模式，打造生产运行智能化、安全监管可视化、运营保障一体化的核燃料元件智能车间和数字化工厂，实现精益管理、提质增效、安全环保、科学决策，全面提升企业竞争力，最终建成国际一流的军民深度融合核燃料元件产业基地。

2）产品技术优化支持中心

围绕数字化产品研发设计、迭代优化等，建设数字化燃料元件产品智慧研发设计协同平台，具备全面支撑燃料元件产品研发设计、验证优化的功能，具备专家系统支持，动态知识的自学习、管理流程自由化等功能，打造燃料元件全生命周期的优化技术支持中心。

3）工程技术优化支持中心

围绕智能化产线的研发、工程设计，建设一体化智能制造工程技术支持平台，研发关键装备数字化样机，搭建燃料元件生产设施数字孪生体，打造智能工程技术研发中心，实现燃料元件生产设施的研发、设计、全生命周期运维、预测优化支持。

4）全产业链全寿期数据和知识服务中心

涵盖燃料元件产品全生命周期、工厂全生命周期数据和产业链动态数据信息库，基于数据挖掘和知识工程，搭建大数据采集与分析、知识沉淀与复用系统，打造数据服务中心，用于辅助燃料元件智能制造、技术研发和产业链经营及监管的支持。

（5）提升“5 个能力”

——数字化产品协同研发能力。

——数字化生产设施精益协同设计和数字孪生能力。

——精细、柔性、智能、绿色的核燃料元件制造能力。

——产品和生产设施全生命周期智能化运维和决策支持能力。

——燃料元件产业精细化、集约化运营及支持能力。

2. 燃料元件智能制造总体方案

（1）先进信息技术与燃料元件智能制造融合发展总体考虑

先进信息技术与燃料元件智能制造融合发展拟依托新建燃料元件生产线建设项目同步实施。燃料元件生产线涉及粉末制备（化工转化）、芯块制备、单棒制造、组件组装、零部件加工等燃料元件生产全流程环节，具有典型的示范工程效益。

通过“先进信息技术与燃料元件智能制造融合发展项目”的实施，建设世界第一条燃料元件智能制造生产线，建设成燃料元件智能制造示范工程，以推动燃料元件制造领域智能制造技术的整体提升。

通过示范工程的建设，技术成果可直接复制应用到其他燃料元件生产线，以提升生产线制造水平。直接用于新建类似工程的规划、采购、建设和运行等方面，也能指导在役燃料元件生产线智能制造提升项目的建设。

（2）燃料元件智能制造总体架构

围绕产品和工厂全生命周期数字化管理两条主线，在数据标准化、企业管理标准化体系基础上，依托信息安全保障体系，融合生产和经营两大体系，构建一体化智能制造管控平台，建设数据及知识服务中心，通过大数据的应用，实现制造、营运、管理和决策的可视化、实时化、集成化、智能化，全面提升产品质量、盈利能力和工程质量。燃料元件智能制造总体架构如附图 2. 4-2 所示。

为支撑燃料元件智能制造功能和建设目标的实现，需要综合应用自动化技术、数字化技术、物联网技术、人工智能技术等作为智能制造的技术支撑，从而构成智能制造技术体系。智能制造技术体系如附图 2. 4-3 所示。

（3）网络架构

燃料元件智能制造网络架构按照以下原则进行规划建设：

安全性：包括物理空间的安全控制及网络的安全控制。需要完整的安全策略控制体系来实现企业厂区网络的安全控制。业务系统底层物理隔离，保证业务安全，顶层数据共享互联。

成熟先进性：利用业界成熟的先进技术进行整个厂区的网络规划设计，满足多用户、多场景、多系统的差异化网络应用接入需求。

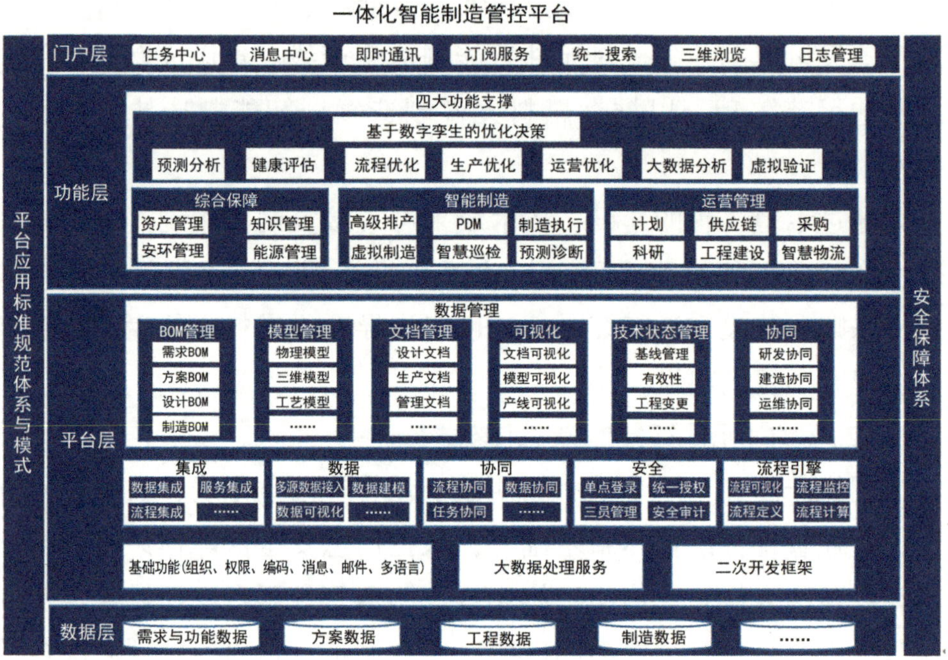

附图 2.4-2 核燃料元件一体化智能制造管控平台技术架构

可靠性、可用性：高可靠性设计包括关键设备冗余、链路/网络冗余和重要业务模块冗余。

可实施性：全厂网络统一规划，统一设计，分步实施。在各生产运行区域设置的汇聚交换机和车间分数据中心，满足项目前/中期阶段运行、管理要求。

可扩展性：采用分层的网络设计。每个层次的设计所采用的设备本身都应具有足够高的端口密度，为后续厂区网扩展奠定基础。

燃料元件制造信息网络逻辑上包含：核心交换区、数据中心区、汇聚区交换区、外联出口区、安全缓冲区（DMZ 区）和运维管理区等。采用成熟的 3 级网络结构，在高效、可靠的内部局域网的基础上，基于 VPN、虚拟化技术，根据网络安全要求设计网络架构，满足：

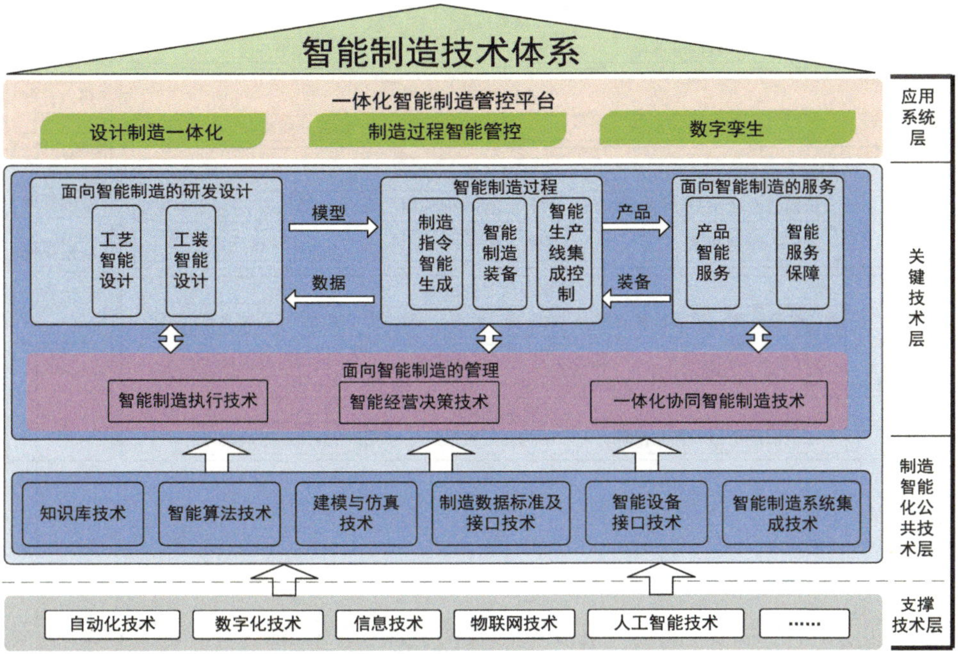

附图 2.4-3　智能制造技术体系

——外部互联网的接入要求。

——企业私有云的网络架构。

——企业门户的网络及安全要求。

——集团商网的互联要求。

——老厂区数据信息的互联要求。

（4）数据架构

以工业大数据的全生命周期为主线，从纵向维度分为平台/工具域和应用/服务域。平台/工具域主要面向工业大数据采集，存储管理、分析等关键技术，提供多源、异构、高通量、强机理的工业大数据核心技术支撑；应用/服务域则基于平台域提供的技术支撑，面向智能化设计、网络化协同、智能化生产、智能化服务等多场景，通过可视化、应用开发等方式，满足燃料元件智能制造的应用和服务需求。智能制造数据架构如附图 2.4-4 所示。

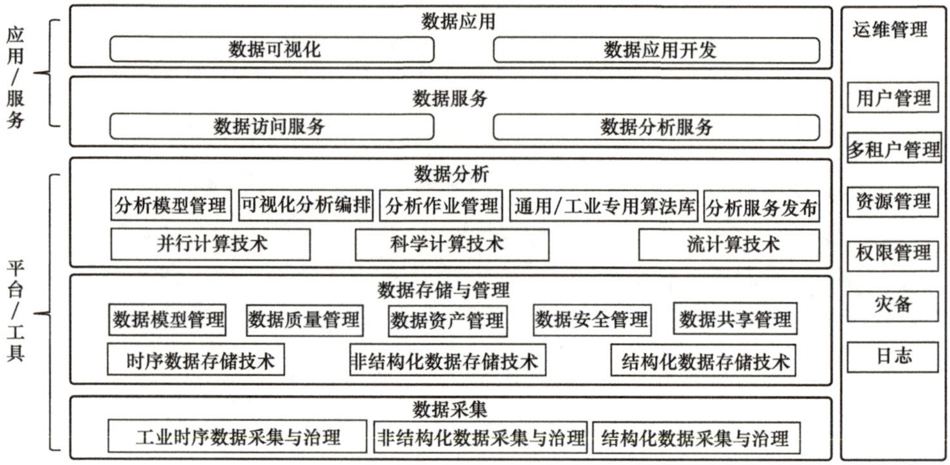

附图 2.4-4　燃料元件智能制造数据架构

1）数据采集层

包括时序数据采集与治理、结构化数据采集与治理和非结构化数据采集与实时处理。海量工业时序数据具有 7×24 小时持续发送，存在峰值和滞后等波动，质量问题突出等特点。需要构建前置性数据治理组件与高性能时序数据采集系统。针对结构化与非结构化数据，需要构建同时兼顾可扩展性和处理性能的数据采集系统。数据采集层的数据源主要包括通过 ETL 方式同步的企业生产经营相关的业务数据、实时或批量采集的设备物联数据和从外部获取的第三方数据。

2）数据存储与管理层

包括大数据存储技术和管理功能。利用大数据分布式存储技术，构建性能和容量都能线性扩展的时序数据存储、结构化数据存储和非结构化数据存储等。基于以上存储技术并结合工业大数据在数据建模、资产沉淀、开放共享等方面的特殊需求，构建数据模型管理、数据质量管理、数据资产管理、数据安全管理和数据共享管理技术体系。

3）数据分析层

包括基础大数据计算技术和大数据分析服务功能，其中基础大数据计算技术包括并行计算技术、流计算技术和数据科学计算技术。在此之上构建完善的大数据分析服务功能来管理和调度工业大数据分析，通过数据建模、数据计算、数据分析形成知识积累，以实现工业大数据面向生产过程智能化、产品智能化、新业态新模式智能化、管理智能化以及服务智能化等领域的数据分析。大数据分析服务功能包括分析模型管理、可视化编排、分析作业管理、工业专用/通用算法库和分析服务发布。

4）数据服务层

利用工业大数据技术对外提供服务的功能层，包括数据访问服务和数据分析服务。其中数据访问服务对外提供大数据平台内所有原始数据、加工数据和分析结果数据的服务化访问接口和功能。数据分析服务对外提供大数据平台上积累的实时流处理模型、机理模型、统计模型和机器学习模型的服务化接口。数据服务层提供平台各类数据源与外界系统和应用程序的访问共享接口，其目标是实现燃料元件制造大数据平台的各类原始、加工和分析结果数据与数据应用和外部系统的对接集成。

5）数据应用层

主要面向工业大数据的应用技术，包括数据可视化技术和数据应用开发技术。综合原始数据、加工数据和分析结果数据，通过可视化技术，将多来源、多层次、多维度数据以更为直观简洁的方式展示出来，提高决策效率。基于工业大数据管理、分析技术快速实现工业大数据应用的开发与迭代，构建面向燃料元件智能制造实际业务需求的，数据驱动的工业大数据应用，实现提质降本与增效。数据应用层通过生成可视化、告警、预测决策、控制等不同的应用，从而实现智能化设计、智能化生产、智能化服务等燃料元件智能制造模式，并将结果以规范化数据形式存储下来，最终构成从生产物联设备层级到控制系统层级、车间生产管理层级、企业经营层级、产业链上协同运营管理的持续闭环优化。

（5）信息安全体系

工业自动化控制系统、信息化系统在享受开放、互联技术带来的进步、效率与利益的同时，也开始面临着越来越严重的安全威胁，具体包括：① 由于病毒、恶意软件等导致的工厂停产；② 工业制造的核心数据、配方被窃取；③ 制造工厂及其关键工控生产流程被破坏；④ 恶意操纵工控数据或应用软件；⑤ 对工控系统功能未经授权的访问等。核燃料元件生产线大量使用工业自动化控制系统，部分控制系统还执行着重要的安全联锁功能，因此工业控制系统的信息安全也不容忽视。

工业信息安全要求与传统的信息网络系统要求有所区别，传统网络信息安全要求强调：保密性—完整性—可用性，而工业信息安全要求强调：可用性—完整性—保密性。工业信息安全是一个从意识培养开始，涉及管理、流程、架构、技术、产品等各方面的系统工程，需要管理方、运营方、集成商与组件供应商的共同参与，协同工作，并在整个工业基础设施生命周期的各个阶段中持续实施，不断改进才能保障工业生产设施的安全运营。

按照网络安全等级保护基本要求从物理安全、网络安全、主机安全、应用安全、数据安全五个方面采取技术防护措施，在保证系统可用性前提下，对工业控制系统及信息系统进行防护，实现“垂直分层，水平分区；边界控制，内部监测”。“垂直分层、水平分区”即对工业控制系统及信息系统垂直方向划分为四层：现场设备层、现场控制层、监督控制层、生产管理层。水平分区指各工业控制系统之间应该从网络上隔离开，处于不用的安全区。“边界控制、内部监测”即对系统边界即各操作站、工业控制系统连接处、无线网络等要进行边界防护和准入控制等。对工业控制系统及信息系统内部要监测网络流量数据以发现入侵、业务异常、访问关系异常和流量异常等问题。

为管控风险，实现工控网及系统运行的安全可控，需要在国家工业控制系统信息安全防护实施规范等标准的指导下，制定燃料元件信息安全策略，从工控信息安全技术保障、安全管理和运维保障两方面入手，加强组织及人员保障，与工控网建设同步实现工控信息安全技术体系和安全管理体系的建立。信息安全保障体系如附图 2.4-5 所示。

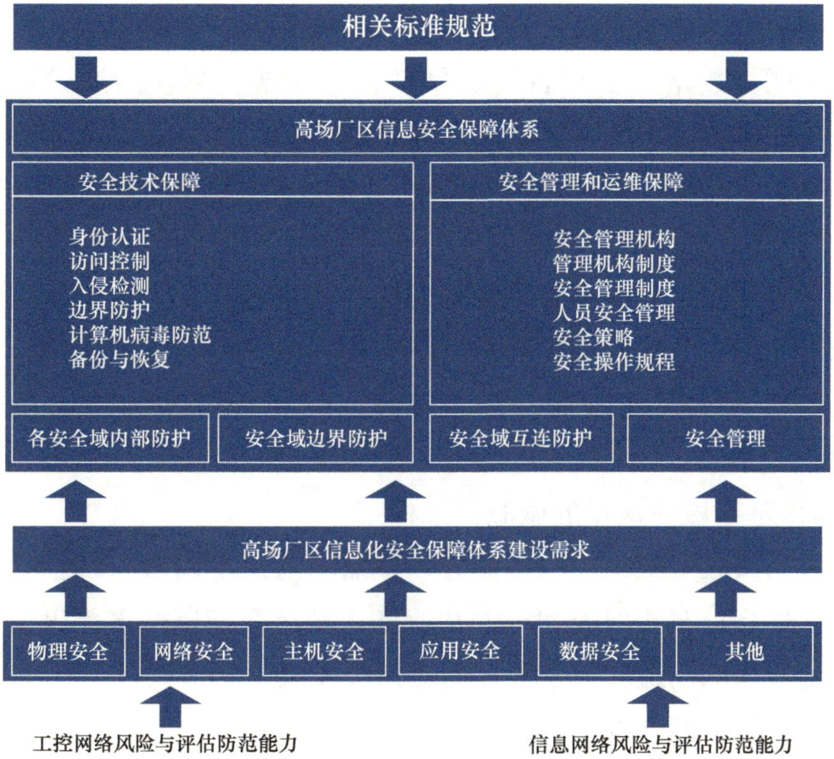

附图 2.4-5　信息安全保障体系

（二）实施路径

1. 智能制造平台实施的指导思想及可行性分析

（1）指导思想

1）基于统一的物联网（IOT）平台

建设全厂区物联网平台，实现燃料元件生产线 PLC/DCS 系统、智能机器人、数控机床、生产装备、专用检测设备、人机接口设备等系统设备数据的统一采集、管理、与下发，提供统一的协议转换及设备监控功能，实现燃料元件产线人机、机器与机器信息交互的畅通。

2）基于统一的数据及知识服务中心

建设全厂区数据及知识服务中心，构建统一的数据库平台，提供数据加载、数据治理、知识沉淀、数据存储、数据服务、知识驱动等功能。数据平台具备可扩展性，可根据实际使用瓶颈进行查询/存储/加载性能等不同节点的独立扩展。

数据存储采用 IaasS 的服务器、存储、备份等虚拟化资源平台。

3）基于统一的平台架构

平台各应用服务功能系统采用统一的平台架构，基于统一的数据标准、统一的接口协议标准、统一的门户访问，在此基础上定制开发燃料元件智能制造、营运管理、综合保障和优化决策功能应用。

4）基于敏捷迭代的微服务架构

采用微服务架构，围绕业务领域需求通过网络对松散耦合的应用组件进行分布式部署和定制化服务，满足智能制造多维度服务需要，适应智能制造和数字工厂的可持续发展。

（2）可行性分析

1）先进企业经验借鉴和信息产业的有力支撑

在“两化融合”“中国制造 2025”等政策的引导下，石油化工、航空航天、机械工业、汽车制造等领域开展了一批智能制造试点工程建设，并形成一批有益的智能制造建设项目实施经验。

目前制造体系架构、功能架构已经较为完善。国内有着丰富业绩的厂商如华为、中控、通力等以及国外西门子、达索、埃森哲等为智能制造提供了先进的技术、产品和服务。核行业内的研究和设计单位如核动力院、中核工程、中核七院、计算机所等单位也进行了积极的探索，取得了一定的成效。

2）指南、技术标准与规范逐步完善

国家颁布了系列指南、标准和规范指导和规范智能制造的实施，如工业和信息化部国家标准化管理委员会关于印发《国家智能制造标准体系建设指南（2018 年版）》的通知、《信息化和工业化融合管理体系实施指南》（GB/T 23002—2017）、《智能制造能力成熟度模型》（GB/T 39116—2020）等。

中国电子技术标准化研究院以及各产业联盟根据近几年的有益经验，也陆续发布了“工业大数据白皮书”“工业互联网平台白皮书”“工业物联网互联互通白皮书”“工业智能白皮书”“人工智能标准化白皮书”“数字孪生体技术白皮书”等一系列实施指导性文件。

在企业架构体系方法有着比较成熟的方法论如 MBSE、TOGAF 等的大量成功实践经验。

3）“小核心、大协作”的实施方式

智能制造是一个复杂的系统工程，涉及物联网平台、数据平台、开发平台、运营平台等各个层次方方面面的技术，需要总体规划咨询单位联合国内有技术实力的企业、科研院校，采用“小核心、大协作”的方式来实施智能制造项目。以燃料元件制造单位、燃料元件科研设计单位为核心，确定功能需求、应用构架以及数据构架，技术厂商作为协作支持，共同完成燃料元件智能制造平台的实施落地。

2. 智能制造实施的组织关系

战略规划阶段：

由中核集团战略与管理咨询委牵头组织，原子能公司总体协调，中国核电工程有限公司郑州分公司负责战略规划报告编制，中核建中核燃料元件有限公司负责基础支撑材料提供，计算机所、中核七院、核动力院等单位负责提供技术支持。

项目实施阶段：

燃料元件制造单位负责项目的实施管理、进度推进、资源协调、经费落实等；原子能公司负责总体管理，并协调各单位资源及关系；郑州分公司提供智能制造示范项目规划、设计及咨询服务，并负责建设与智能制造示范工程项目配套的燃料元件关键装备和生产设施智慧研发设计协同平台；核动力院负责建设与智能制造示范工程项目配套的数字化燃料元件产品智慧研发设计协同平台；计算机所、中核七院负责提供技术支持。

3. 实施路径规划

依托于燃料元件新建项目实施核燃料元件生产智能制造示范工程，主要从几个方面开展：信息化、数字化基础网络设施建设、企业级数据中心建设、一体化智能制造管控平台建设、信息安全体系建设。

（1）第一阶段：2025 规划

通过典型项目实施核燃料元件生产智能制造，以车间智能化为基础依托，针对核燃料元件产品共性支撑技术和前沿引领技术，构建先进的自动化、信息化等基础条件，全面实现车间零部件加工、粉末制备、芯块制备、单棒制造和组件组装等工序生产设备的自动化，形成自下而上的、贯穿设备层、控制层及管理层的物联网络，构建支撑创新发展、融合发展的信息化基础设施体系，完成系统集成、资源共享、生产协同、过程可视，从而建成一套涵盖安全生产、质量保证、能源节约、减员增效、流程可追溯的信息化体系，初步形成知识管理、预测诊断、数据分析、协同优化能力，实现信息化与企业发展战略决策、生产经营管理的深度融合。

1）人员层面

建立智能制造战略执行情况监控与评测机制，持续优化战略；

建立知识管理体系，通过信息技术手段管理人员贡献的知识和经验。

2）技术层面

构建燃料元件数据与知识服务中心，部署大数据平台，应建立常用数据分析模型库，支持业务人员快速进行数据分析、知识管理与推动；通过企业服务总线（ESB）和操作数据仓储（ODS）等方式，实现燃料元件制造全业务活动的集成；部署工业网络安全防护系统，具备安全防护、安全管理和加固能力，并建立离线测试环境，可对工业现场使用的设备进行安全性测试。

3）资源层面

构建燃料元件关键工序设备的故障诊断与健康评估系统，具备预测性维护、远程监测和远程诊断等功能；构建燃料元件全厂分布式工业控制网络，具备资源优化配置功能。

4）制造层面

搭建一体化燃料元件智能制造管控平台。

构建 CAX 计算机辅助工艺设计、制造模块，实现设计制造一体化，具备零部件加工等工序柔性化制造功能。建立基于 MBD 的产品组件的标准库及典型产品知识库，建立产线和产品的三维模型。

建立燃料元件产品全生命周期管理模块，构建产品标准库和知识库。

构建燃料元件供应链协同模块，将采购、生产和仓储等信息系统集成，自动生产采购计划，并实现出入库、库存和单据的同步。具备供应商管理功能，对供应商的供货质量、技术、响应、交付、成本等要素进行量化评价。

构建计划与调度模块，基于安全库存、采购提前期、生产提前期、生产过程数据等要素，自动生成生产计划。

构建燃料元件制造车间制造执行系统（MES）。

建立设备健康管理模块，搭建设备运行模型和设备故障知识库。

构建仓储物理管理模块，与 MES 系统集成，实现自动出入库管理。

搭建安全环保管理模块，实现全过程环保数据的采集，实时监控及报警，并开展可视化分析。

搭建能源管理模块，具备能耗统计与分析、能源调度等功能。

5）产业链层面

建设燃料元件生产设施智能制造工程技术支持平台，达到初级智慧工作平台水平，具备知识显性化、知识仓库、知识管理系统和知识集成应用系统，知识可在本单位内部实现共享等能力。

（2）第二阶段：2030 规划

构筑精细、柔性、智能、绿色、协同的核燃料元件制造体系。在 2025 规划的基础上，通过深化应用知识工程、大数据、人工智能等技术，建立产线质量预测模型、设备诊断模型、生产制造流程优化模型等。构建世界一流的基于模型的燃料元件制造企业（MBE），全面具备知识驱动、物物互联、大数据分析、预测诊断、供应链协同、优化决策等特征。

1）人员层面

优化智能制造战略执行情况监控与评测机制，持续优化战略；建立知识管理平台，将人员知识、技能和经验进行数字化与软件化，具备人员知识、技能、经验的沉淀与传播功能。

2）技术层面

基于大数据技术，建立各类预测模型库，为制造活动提供优化建议和决策支持；持续优化工控安全防护体系。

3）资源层面

实现故障诊断与健康评估系统核心工序及装备的全覆盖。

4）制造层面

持续优化一体化燃料元件智能制造管控平台；优化燃料元件供应链协同模块，并建立采购模型，实时监控采购风险并及时预警；建立供应商评价模型；建立客户需求预测模型；构建高级排产模块，优化调度模块，具备满足多种约束条件的优化排产功能，对异常情况的自动决策和优化调度功能；构建仓储物理管理模块，建立仓储模型和配送模型，实现生产、仓储配送、运输管理多系统的集成优化；搭建安全环保管理模块，建立数据分析模型，具备预测预警等功能；搭建能源管理模块，建立节能模型，实现能流的精细化和可视化管理。

5）产业链层面

建设燃料元件生产设施智能制造工程技术支持平台，达到中级智慧工作平台水平，在初级智慧工作平台的基础上，有专家系统支持，具有动态知识的自学习、管理流程自优化能力，能够在本集团范围内实现知识共享；整体提升院所的可持续竞争优势。

2035 年，核燃料元件智能制造能力成熟度基本达到五级，具备知识沉淀与传播、基于模型的自优化、自学习、自决策等特征，智能制造水平达到世界领先水平，从“并跑”变为“领跑”。

（3）第三阶段：2035 规划

形成创新驱动、融合共享、安全可靠、随需而变的核燃料元件智能制造生态新模式，融合生产和经营两大体系，扩展智能化应用范围，强化系统拓展延伸能力，实现“智能制造”、知识驱动、模型优化的全面覆盖，全面提升产品质量、盈利能力和工程质量，打造生产运行智能化、安全管理可视化、运营管理一体化的核燃料元件智能工厂，实现精益管理、提质增效、安全环保、科学决策，全面提升企业竞争力。

1）人员层面

持续优化燃料元件智能制造组织战略，优化完善知识管理系统，全面具备知识沉淀与传播功能。

2）技术层面

构建燃料元件设计、制造、质量、供应链等大数据分析模型实时优化功能模块，实现基于模型的自优化、自学习、自决策和精准执行；建立自学习、自由化功能的工业网络安全防护措施。

3）资源层面

基于大数据方法，建立基于工业数据分析的自适应、自优化、自控制等功能的零部件加工、粉末制备、芯块制备、单棒制造和组件组装智能装备，如自适应机加工中心、智能 IDR 炉、组件智能检测装置和智能组装系统。

4）制造层面

基于人工智能、大数据、云计算等信息技术深化完善建燃料元件智能制造管控平台各个功能模块，使燃料元件制造过程具备以下特征。

基于参数化、模块化的燃料元件工艺、工装设计，实现柔性化生产；基于统一模型，实现产品全生命周期动态管理；基于工艺知识库的集成应用，辅助工艺优化，构建实时优化模型，实现工艺设计动态优化；实现企业与供应商在设计、生产、质量、库存、物流的协同，并实时监控采购变化及风险，实现采购模型和供应商评价模型的自优化；构建生产运行实时模型，提前处理生产过程中的波动和风险，实现动态实时的生产排产和调度；基于产能模型、供应商评价模型等，自动生成产业链上下游企业的生产作业计划，并支持企业间生产作业计划异常情况的统一调度；构建高级排产模块，优化调度模块，具备满足多种约束条件的优化排产功能，对异常情况的自动决策和优化调度功能。

实现生产资源自组织、自优化，满足柔性化、个性化生产的配置；建立质量数据算法模型，实现生产过程非预见性异常的自动调整，基于模型实现质量知识库自优化；实现设备运行模型的自学习、自优化；通过企业与上游供应链的集成优化，实现最优库存或即时供货；通过物联网和数据模型分析，实现物、车、路、用户的最佳方案自主匹配；综合应用知识库及大数据分析技术，实现生产安全一体化管理；实现能源的动态预测和平衡，并指导生产。

5）产业链层面

燃料元件生产设施智能制造工程技术支持平台，达到高级智慧工作平台水平，在中级智慧工作平台的基础上，具有自学习、自成长、自优化、自适应能力，具有一定的知识创造能力，知识应用范围更加广泛，达到组织、流程、技术和资源的动态优化配置，整体提升燃料元件产业链的自主创新能力。

五、进行条件建设的重要内容

燃料元件智能制造基础能力建设的主要目的是构建支撑燃料元件先进制造的工业物联网和数字化分析、处理和运行能力。关键就是将系统设备连成网络，并采集这些系统设备的运行及关联数据，融合使用数字化、智能化技术进行控制并优化系统设备的操作和运行。

（一）燃料元件智能制造基础能力建设

燃料元件智能制造基础能力建设的主要目的是构建支撑燃料元件先进制造的工业物联网和数字化分析、处理和运行能力；关键就是将系统设备连成网络，并采集这些系统设备的运行及关联数据，融合使用数字化智能化技术进行控制并优化系统设备的操作和运行。燃料元件智能制造基础能力建设包括基础网络设施建设、企业级数据中心建设、自动化及数字（智）化产线建设三方面内容。

针对新建项目，在规划设计和实施中需要综合考虑基础网络设施建设、数据中心建设，实现互联互通、数据挖掘和知识推送。在自动化及数字（智）化产线建设方面，重点提升产线自动化和数字化水平，部署智能制造管控功能模块，打牢物联网基础，实现基于模型的柔性制造。

针对改造项目，重点进行产线的自动化和数字化改造，完成基础网络设施和信息化系统升级，将原有生产设施纳入燃料元件智能制造体系，作为燃料元件智能制造的支撑节点。

1. 基础网络设施建设

（1）网络基础构建

部署网络基础设施，构建覆盖燃料元件制造涉及的所有办公区域和生产区域的网络系统及办公网、工控网为一体的信息网络平台，满足核燃料元件制造数字化、网络化、智能化的需求；打造一个具备全面功能的区域中心“模块化数据中心机房”，建立异地容灾体系。

（2）5G 技术基础设施构建

面对核燃料元件厂智能制造高清视频、工业实时控制及泛在连接的物联网需求，建设具备大带宽、低时延、海量连接特点的 5G 无线网络，为核燃料元件厂的态势感知、智能制造、智慧运维提供稳定、灵活、可靠的无线通信手段。在厂区有线网络的基础上，联合电信运营商建设核燃料元件厂 5G 非密混合专网。

2. 物联网建设

工业物联网（IOT）是通过工业资源的网络互联、数据互通和系统互操作构建服务驱动型的新工业生态体系，主要包括互联阶段和互通阶段。如附图 2. 5-1 所示。

互联阶段主要实现物联网泛在化的末端智能感知，通过现场总线、工业以太网、工业无线网、OPC UA、MQTT 等互联互通技术实现异构网络的安全、高效融合，连接燃料元件生产线、车间辅助系

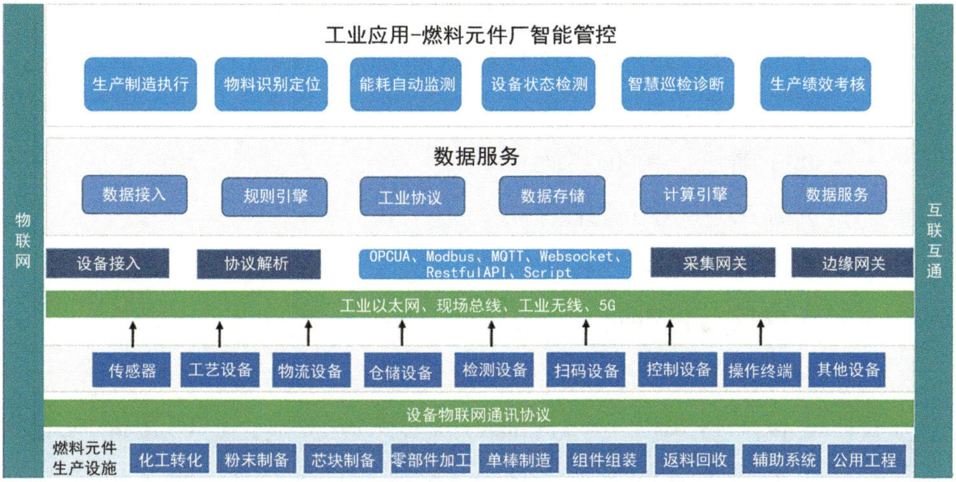

附图 2.5-1 工业物联网（IOT）构架

统和工厂公用工程的传感器、工艺设备、物流设备、仓储设备、检验设备、扫码设备、控制系统、操作终端等，获取燃料元件生产设施全生命周期内不同维度的数据，包括设备、原材料及产品、人员、工艺流程和制造环境等工业资源状态。

互通阶段是基于数据分析或云计算平台技术，进行数据建模、分析和优化，实现多源异构数据的深度开发应用；工业应用在分布式数据可互操作性和管理的基础上优化服务资源，实现语义、语法和数据字典的互操作性，在此基础上开发制造执行、物料识别、能耗监测、设备状态检测、智慧巡检诊断、生产绩效考核等燃料元件智能管控工业应用。

3. 企业级数据及知识服务中心建设

数据及知识服务中心作为全厂的信息化中枢，承载了全厂科研、生产、运营等核心业务的所有数据和关键运算，运用大数据分析和知识推送技术，为整个智能制造系统和数字化工厂运营提供基础和智能服务。

数据及知识服务中心的设计必须满足当前各项需求应用，又面向未来快速增长的发展需求，因此必须是高质量的、高可靠的、灵活的、开放的。我们在进行设计时，遵循以下设计原则：

——统筹规划；

——循序渐进、分布实施；

——资源共享、用备结合；

——成熟性与先进性；

——开放性与标准化；

——灵活性与可扩展性。

着眼于核燃料元件厂的智能制造的实际需求，以向智能制造业务系统提供灵活定制的资源服务、弹性的计算能力、完全可信的安全保障服务为基本要求，采用成熟先进的技术，建设核燃料元件智能制造数据与知识服务中心。燃料元件智能制造大数据构架如附图 2. 5-2 所示。

数据及知识服务中心基于模块化架构建设，采用云计算技术，搭建非密私有云平台，基于 IaasS 的服务器、存储、备份等虚拟化资源平台，为核燃料元件的研发、设计、采购、制造、运维服务提供计算、存储、备份等环境支持。

数据及知识服务中心的设计与建设应具有一定的超前性，能够满足未来十至二十年的信息化、智能化的发展需求。

数据及知识服务中心机房采用模块化架构，密封冷通道，单个模块内一体化集成机柜系统、配电系统、制冷系统、管理系统和综合布线系统。在机房监控管理间设置机房及网络管理系统，用于运行维护人员对机房进行管理。模块化机房满足了云计算、虚拟化、刀片式服务器等高密低耗、快速部署、灵活扩展的需求，有效地提高了数据中心的工作效率，控制了投资成本。

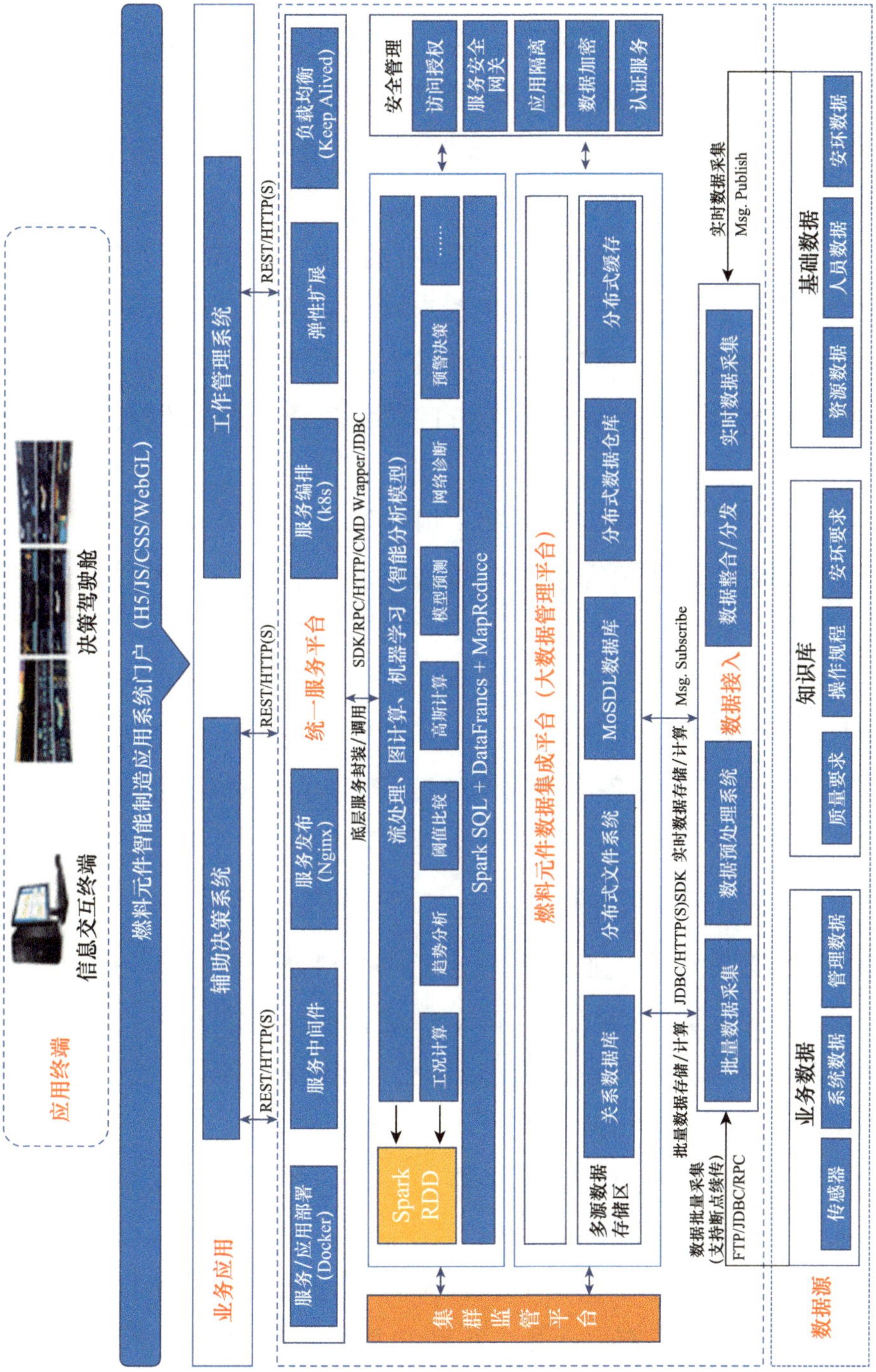

附图2.5-2 燃料元件智能制造大数据应用构架

4. 自动化、数字（智能）化产线建设

新建燃料元件生产线或原有生产线通过自动化、数字化和智能化提升，具备智能制造设备实施层的基础条件。

化工干法转化工序：采用智能仪表、远程控制阀门、DCS 系统，实现工艺过程参数的实施采集、监测与控制。

芯块制备工序专用设备：生坯装舟装置、烧结炉、芯块磨削装置等配备 PLC 控制系统，并配备粉末转运容器自动输送装置。

燃料棒制造工序：燃料棒传输线、压塞焊接装置、芯块装管装置、氦检漏装置、检查装置等均为自动化装备，采用 PLC 等数字化控制方式。

组件组装工序：件组装装置、组件综合检测装置、外观检查装置、组件自动转运系统等均为自动化装备，采用 PLC 等数字化控制方式。

工艺和辅助系统基于总线技术实现数据采集、集成控制。

基于人工智能、大数据、云计算等信息技术深化完善建燃料元件智能制造管控平台各个功能模块，逐步实现燃料元件的智能化制造。

（二）燃料元件智能制造工程技术支持能力建设

根据核燃料元件产业链条的分工以及科研设计院所的类型，在燃料元件智能制造工程技术支持平台建设中，需要对科研设计院所的体系架构和解决方案进行梳理研究，提出满足不同工艺类型的体系架构和解决方案。

核燃料领域研发设计智慧工作平台的建设重点是建设数字化设计仿真平台，知识管理和知识应用系统，建设基于大数据分析的业务管控平台，运用基于模型的系统工程理论建立数字孪生系统，建设针对测试实验的数据采集、处理和集成控制条件；建设计算中心、数据中心的、流程中心、信息化基础设施和信息安全条件。开

展基于模型的研发、仿真分析和试验协同，建立融合工艺和设备设计、分析、试验和定型的各类数据与模型的统一的一体化智慧工作平台。

1. 数字化燃料元件产品智慧研发设计协同平台

数字化燃料元件产品智慧研发设计协同平台具备全面支撑燃料元件产品研发设计、验证优化的功能，具备专家系统支持，动态知识的自学习、管理流程自由化和先进的数字化水平。

2. 燃料元件关键装备和生产设施智慧研发设计协同平台

运用联合仿真及数字仿真集成技术、先进的专家系统和动态知识学习技术、设计成果数字移交技术、智能感知与执行技术，数字化制造技术，信息化管控技术，网络化支撑技术和智能决策技术等，研究并构建与燃料元件智能制造相匹配的一体化研发设计智慧工作平台。

该平台包括信息化工作平台、数字化工作平台和知识应用平台。在此平台上，研发燃料元件关键智能装备，完成智能生产设施研发设计，开发具备验证优化、虚实映射、分析诊断、评估迭代功能的数字孪生体，形成先进的核燃料智能化生产线、智能车间和智慧工厂的专项研发和系统集成能力。能够在中核集团或者区域级范围内实现知识共享，整体提升燃料元件产业的可持续竞争优势。

（三）企业数字化转型能力建设

先进信息技术与燃料元件制造融合发展的本质是实现企业的数字化转型。企业数字化转型是建立在数字化转换、数字化升级基础上，进一步触及公司核心业务，以新建一种商业模式为目标的高层次转型。数字化是商业模式、运营体系、流程和技术，以及人才和组织的全面变革。对于燃料元件制造企业，数字化转型主要影响的是企业制造、运营及其相关活动，对客户体验也有一定程度的影响。

数字化转型是个需要时间积累和逐步迭代的过程。国内燃料元件制造单位已经有十几年甚至更长时间的系统和数据积淀，传统的存量资产与新构建的信息化智能制造系统的融合演进发展，应从业务本质着手解决问题，尽量利用现有的组织资产，逐步地解耦和梳理现有系统，发展适合自身情况的演化路径。

以使命为引领，基于精益化思想，将新型信息技术与企业经营深度融合，进行战略、业务、创新、组织、流程等全方面的数字化转型，塑造更加开放、敏捷、高效的企业经营模式，从而释放员工活力，激活组织智慧，提供客户能力，赋能生态伙伴，推动从决策模式到思维方式，从业务结构到组织形态，从创新体系到安全保障的全方位转型升级。数字化转型的重点往往不是技术层面，技术仅仅是工具和手段，关键因素仍然是战略规划和运营模式转变，比建设项目更重要的是建立合适的新体制。因此，需要通过业务架构和 IT 架构的“双轮驱动”，才能达到预期的战略目标。

1. 以数字化转型为核心推动企业战略变革

树立以数字化转型为核心的变革思维，不仅仅是利用 ERP、财务、人力等信息化系统来优化企业的组织架构、业务流程、财务管理等方面，而是将数字化转型作为企业战略规划、商业模式和管理体系的核心，并渗透到企业的各个方面。数字化转型路线如下：

第一步：侧重打牢底层信息化基础、基于相对统一的信息化框架进行建设，选取发展较好的产线车间，率先进行示范工程的建设，探索体系设计、研发协同、智能车间等各方面平台和系统的应用。

第二步：前期工作的基础上，打造覆盖整个核燃料产业链数字化协同平台，实现协同研发、协同制造、协同实验、协同保障等各方面功能。

2. 以数据为基础优化决策模式，建立以客户为中心的企业思维

改变依据经验和简单规则的传统决策模式，基于数字化和智能

化的先进信息技术，利用收集、整理和分析相关数据重构企业决策体系，推动决策观念向数据决策和智能决策转变。通过建立通用的数据标准体系，打造从设计到服务，从客户到生产、从前端到后端的“数据互联互通”能力，实现数据融合、模型驱动、高效协同，全面提升各类燃料元件产品和装备从论证、设计、试验、生产、调试，到保障的全寿命周期数字化水平，利用数据为客户创造更多价值。

3. 全方位推进业务数字化转型，打造面向未来的敏捷型组织

利用数字技术创造出更优的产品和服务，通过新模式和新业态激活企业发展的新动能；以企业经营过程中掌握的行业数据为核心，衍生出数据挖掘、数据分析、决策建议等赋能型业务；协同核燃料元件产业链其他企业一起共创数字生态，打造数字化平台，实现数据的资产化和价值最大化。

在进行业务数字化转型的同时，必须配套打造更加敏捷的组织模式，加快消除传统业务与信息技术之间的边界，重构企业的业务组合、协同方式和管理层级，将性质相同的业务组成业务单元并赋予更多的自主权，将同质和互补业务的总体设计和研发进行集成，并吸引外部企业和组织使用自身的数字化平台和系统，形成小核心、大协作的新型科研生产体系，加快产业生态的构建。

4. 加快融入开放式创新体系，强化企业数字化转型中的安全防护

适应技术创新体系从串行向并行，从分时到同时，不断向网络化创新演进的变化趋势，积极探索突破性创新的机遇，以需求为牵引，加强与产业链上下游企业、科研院校，甚至是竞争对手的合作，形成“我中有你、你中有我”的开放式技术创新体系。通过加快企业创新速度，获取创新资源，构建自主技术为核心的数字军工协同平台，加快相关技术、产品和系统的研发效率，推动相关技术成果的市场化和产业化，形成一批具有自主知识产权的工业软件、

管理软件、硬件系统，提升核燃料元件产业链的自主创新能力。

同时，在融入开放式创新体系的过程中，需要持续强化安全防护意识，加快建立健全企业数字化转型的安全制度和标准，构建满足设备、网络、平台、系统、数据等安全需求的多层次技术防控体系，全面提升企业的安全保障能力，为客户和企业自身的隐私和安全保驾护航，推动核燃料元件产业链更多企业进行数字化的合作共享。

（四）中核建中高场厂区燃料元件智能制造能力建设规划方案

1. 高场厂区项目概况

高场厂区是中核建中核燃料元件有限公司综合国内核电厂发展情况及环境保护部、国家核安全局的相关文件要求实施的生产线搬迁工程而规划的新的厂区。本规划项目位于四川省宜宾县向家坝工业集中区高捷园中部，宜（宾）—屏（山）快速通道与宜屏路（省道307线）之间，地处宜宾县高场镇正明村莱加组、大明村关路组，总规划用地971亩。厂区分为一期、二期、中长期分步规划建设。

一期规划搬迁建设800 tU/a干法化工转化生产线，在高场厂区形成800 tU/a化工转化生产能力；搬迁建设含钆燃料棒芯块制备、燃料棒制造生产线；新建燃料元件融合厂房，具备300 MW、TVS-2M、“华龙一号”等多种类型燃料元件生产及科研能力。

二期规划搬迁江北厂区800 tU/a的芯块制备、燃料棒制造及组件组装生产线，在高场厂区形成800 tU/a燃料元件综合生产能力；适时开展棒状元件生产线建设。中长期规划根据国家核电产业发展形势和国防建设需要，适时开展新型核燃料元件生产线建设。

同时，在规划建设项目的筹建中，需要同时开展企业的数字化转型工作，使得高场厂区贯彻落实先进信息技术与燃料元件智能制造深度融合发展战略，具备各类先进核燃料元件综合科研生产能力供应保障能力，最终将高场厂区建设成为国际一流的军民深度融合的核燃料元件产业基地。

高场厂区着眼于核燃料元件的专业化生产和产品、技术研发，定位为国际一流的军民深度融合核燃料元件产业基地。通过在高场厂区实施核燃料元件产业优化布局调整，引进、消化和吸收国内外先进生产工艺、集约先进的环保节能装备和现代信息网络技术，加强科技创新和自主研发，对新生产线进行优化设计，提高生产线自动化、数字化、智能化装备水平，打造核燃料元件智能化工厂，实现核燃料元件智能制造，降本增效，绿色发展，提高企业核心竞争力和自主创新能力，持续引领企业快速发展，实现企业从“跟随”向“并行、领跑”转变。

2. 智能制造建设方案

根据高场厂区科研管理区、电厂元件生产区、特种产品生产区、能源及动力区的区域分区，在高场厂区 812G01/G02/G05 等项目规划设计内容的基础上，围绕中核建中核燃料元件有限公司主要科研、生产、运营业务需求，以“智能化生产、数字化工厂”为导向，重点解决生产制造系统、信息化保障系统和决策支持系统的内部数据互联互通，设备、控制、执行、管理决策各个层级之间的数据横向和纵向互联。

通过建立电厂元件生产制造物联网，建立企业管理信息网络，整合原有生产和管理系统，部署贯穿车间、运营部门、厂区的一体化智能制造管控平台，推动数据、流程、资源得到综合管理、有机沉淀、关联整合和有效利用，建设企业智能制造中心，从而打造生产运行智能化、安全监管可视化、运营保障一体化的核燃料元件智能生产线和数字化工厂。

（1）智能制造建设效果预期

通过“先进信息技术与燃料元件制造融合发展”战略在中核建

中核燃料元件有限公司的落地，推动中核建中进行战略、业务、创新、组织、流程等全方面的数字化转型，塑造更加开放、敏捷、高效的企业经营模式，从而释放员工活力，激活组织智慧，提供客户能力，赋能生态伙伴，推动从决策模式到思维方式，从业务结构到组织形态，从创新体系到安全保障的全方位转型升级，全面具备精细、柔性、智能、绿色的核燃料元件制造能力、产品和生产设施全生命周期智能化运维和决策支持能力、燃料元件产业精细化、集约化运营能力。

燃料元件制造过程具备以下特征：

集成协同：不同智能信息系统互联互通，数据共享，高效协同。

提高质量：采用先进信息技术，使过程数字化，流程可追溯，自动记录生产工艺参数及生产过程状态；稳定工况，降低成本，减少批次差异提升产品的合格率；减少人为因素带来的干扰和影响。

过程自动化：车间设备自动化水平全覆盖，操作无人化大幅提升，物流配送智能化、无人化。

制造柔性化：生产线可柔性生产多种产品。

工艺模型化：生产线工艺可模拟仿真，工艺技术研发、设计、实验、生产水平大幅提升。

预测决策：全过程预测、监控、考核，可视化辅助决策。

安全管控：面向生产过程全生命周期的安全和环保的立体化管控。

降本增效：实现全流程业务的最优化，不断从经验主义业务模式转向智能系统辅助决策模式。

预期收益：高场厂区燃料元件生产线相对于老厂厂区燃料元件生产线劳动生产率提高 25%；单位产品综合能耗平均降低 20%；生产运营成本降低 15%；能源利用率提高 15%。

（2）总体构架

高场厂区信息化总体规划架构围绕燃料元件产品制造和生产设施运维的数字化、物联化和智能化两条主线三个维度，在数据标准化、企业管理标准化体系基础上，依托信息安全保障体系，融合生产和经营两大体系，构建一体化智能制造管控平台，建设数据及知识服务中心、综合调度指挥中心两个中心，通过私有云、大数据、知识驱动、数字孪生的应用，实现制造、营运、管理和决策的可视化、实时化、集成化、智能化，全面提升产品质量、盈利能力和工程质量。

1）二条主线三个维度

以燃料元件产品制造和生产设施运维的数字化、物联化和智能化两条主线三个维度，形成燃料元件产业链横向集成、燃料元件制造纵向集成和多维度端对端集成的一体化、协同化的新时代燃料元件智能制造能力。

产品制造全生命周期管理主线，从承接产品数字化设计成果，开展工艺规划、产品生产制造、仓储和物流、以及产品交付、售后追踪等方面，实现产品全生命周期数据的管理、追溯和分析应用，支撑厂区核燃料元件和特种产品的科研、生产和运营业务。

工厂运维全生命周期管理主线，从产线规划、立项审批、产线设计、承接产线数字化移交成果，开展产线建造、产线调试、运维、技改、产线退役以及企业资源协同管理等方面，实现产线以及工厂的全生命周期数据的管理，为实现数字化工厂奠定基础。

2）一个平台，四个支撑

在物联网和数据集成的基础上，构建一体化智能协同运营管控平台，以综合保障、智能制造、决策分析和运营管理为支撑子平台，覆盖高场厂区科研、生产和运营、工程建设等核心业务，实现各个业务功能信息的互联互通、协同共享、分析预测和知识驱动。

3）二个中心

建设数据与知识服务中心，支撑高场厂区网络互联、数据云化、深层挖掘、智能应用，承载智能制造和厂区运营的所有数据和关键运算，为整个数字化工厂系统提供基础和智能服务。

建设高场厂区综合调度指挥中心，实现厂区生产调度、协同制造、厂区应急指挥、安环管理、灾害监测、决策支持、远程监视、可视化展示。

4）三个保障

建立企业标准化体系，实现高场厂区一体化协同运营管控平台内部各系统管理流程标准化，提高信息流转效率，提升运营管理精细化水平。

建立数据标准化体系，完成高场厂区信息化各系统、信息化系统与工控系统、基础保障设备之间的数据格式、接口的标准化，为构建高场厂区物联网，实现数据互联互通提供数据格式和接口协议支持。

构建信息安全保障体系，从各控制系统、数据采集、生产制造系统、运营管理系统的硬件配置、性能需求、接口通信需求等方面，综合运用国产信息编码技术和工业防火墙、入侵检测、工控设备终端防护、应用白名单、风险感知等安全保密措施，通过密码管理系统与生产管理系统高度集成，形成生产管理平台访问控制、数据传输、数据存储等层面的数据加密保护，从而构建工业控制网络和管理网络信息安全保障体系。如附图 2. 5-3 所示。

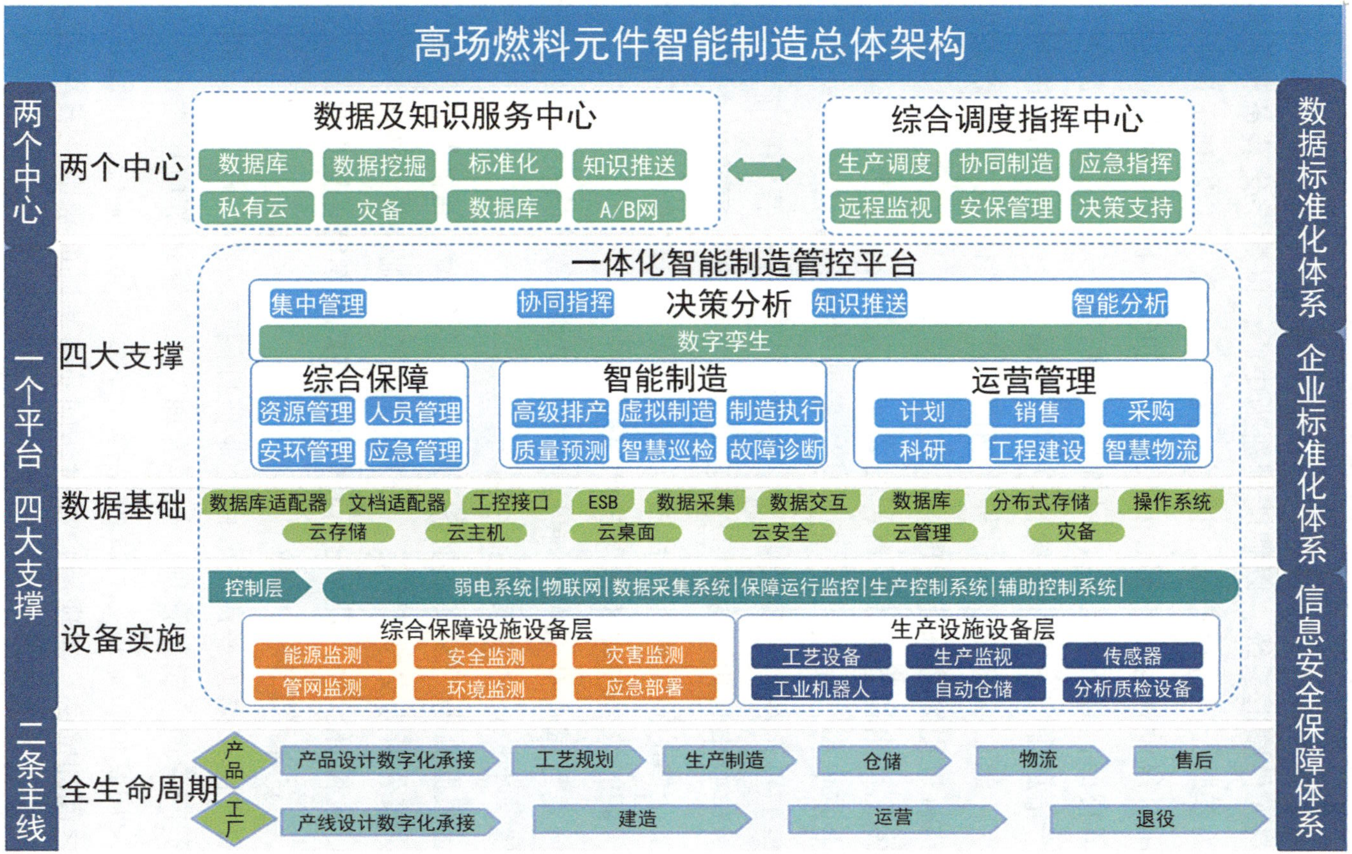

附图2.5-3 高场燃料元件智能制造总体架构

（3）核燃料元件一体化智能制造管控平台

根据智能制造及现有核燃料元件制造管理理念基础设计开发新一代燃料元件制造系统，以智能制造为中心，以数字化装备和管理信息化为基础，通过对产品、计划、资源、物流、工艺和质量的数字化应用，建设具有自感知、自决策、自执行、自学习和自适应的智能制造特征，具备信息化、可视化、柔性化、敏捷化和精益化特点的生产信息管控一体化系统，以满足产品安全、质量可靠的制造基本要求，建立信息流畅、过程严谨的生产管理体系，实现产品生产制造执行过程的精细化管理。

一体化智能制造管控平台，是高场厂区科研、生产、运营核心业务的主要平台，实现核心业务的资源要素系统集成、互联互通、融合共享。平台在工业网络技术、智能工厂技术、智能赋能技术、三维和数字孪生技术的基础上，采用可靠互联互通网络安全策略，在保证安全性的同时确保平台可以采用最先进的软件和信息化架构来实现，同时具备很好的弹性和扩展性。

平台立足国产化软硬件底层的工业智能计算平台，支撑大数据、三维、生产业务等系统正常运行。

平台根据高场厂区核心业务，划分为综合保障、智能制造、运营管理和决策分析为支撑子平台，分别对应厂区基础保障、核燃料元件生产、厂区科研运营、绩效分析和政策战略规划制定等核心业务。

1）综合保障支撑子平台

综合保障支撑子平台主要由企业信息门户、办公自动化、即时通信、资产管理、能源管理、知识管理、安全管理等应用组成，基于 B/S 应用软件，通过综合保障支撑子平台的集成应用，打破各应用系统之间的壁垒，实现用户即时访问、事物随时提醒、系统无缝互联、信息共享交换的目标，消除“信息孤岛”，为实现数字化、协同办公提供完整的应用平台。

2）智能制造支撑子平台

智能制造支撑子平台贯穿厂区设备层、控制层、数据层、协同应用层等不同层面，完成高场厂区燃料元件和特种产品智能制造。主要建设内容包括高级排产系统、制造执行系统（MES）、产品数据管理、智能运维、预测诊断等功能。如附图 2. 5-4 所示。

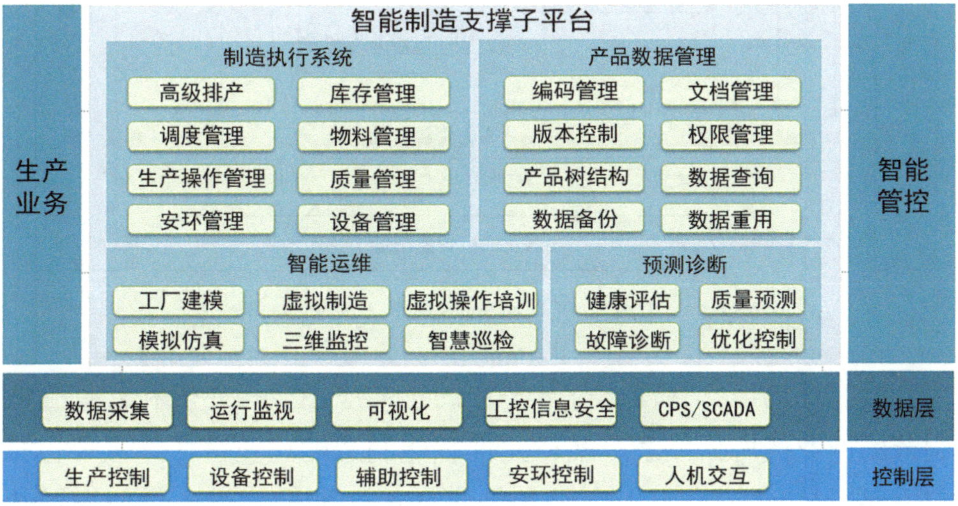

附图 2. 5-4　智能制造支撑子平台功能构架

3）运营管理支撑子平台

高场运营管理支持子平台以企业原有 ERP 系统和相关管理相关信息系统为基础，统筹考虑与综合保障支持子平台、智能制造支撑子平台、决策分析支撑子平台的业务关系和数据关联，整合或新增部分功能模块。

高场运营管理支持子平台通过开放的接口和统一的数据规范，打破各子平台和信息系统的孤岛状态，提高信息资源开发利用率，加强各个业务板块间资源交流和共享，为管理决策层的统筹决策提供科学依据，为进一步提高企业在技术、管理、服务及创新等领域的国际竞争力，实现信息流、资金流、物流及业务工作流的高度集成与融合。如附图 2. 5-5 所示。

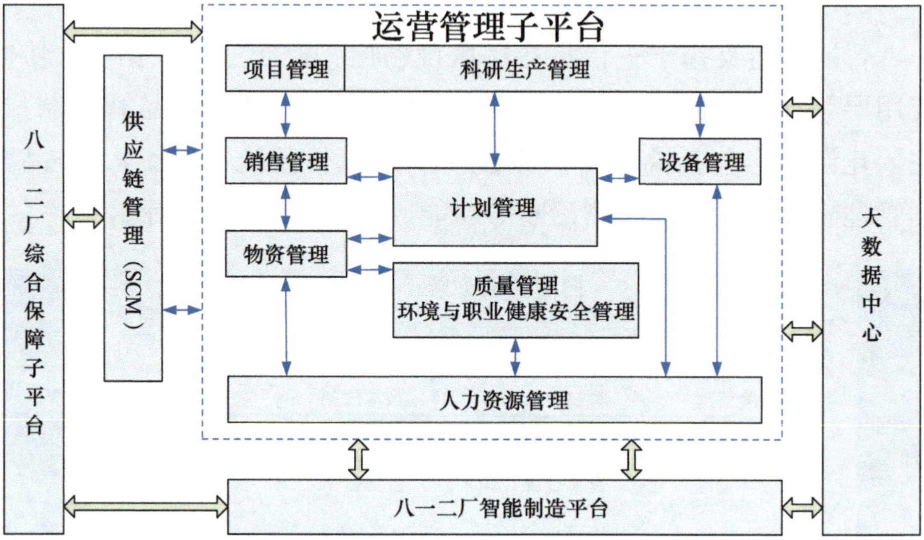

附图 2.5-5　高场运营管理支持子平台功能应用信息流程

通过高场运营管理支持子平台的延伸应用，构建燃料元件智能制造的产业链协作体系。燃料元件智能制造的产业链协作主要包括与原料/材料供应商、生产设备供应商、运维保障设备供应商的协作、与研发/设计单位的协作、与工程承包商或服务商的协作和与用户的协作。同时，应关注与政府监管部门的协作，为政府监管部门提供充分、及时的监管需求信息，以支持政府监管效率的提高。

——供应商协作：通过供应商管理子系统、采购管理系统系统实现设计、设备与采购的业务协作；采用大数据预测和智能算法模型，通过趋势结合动态实时需求感知、预测市场和重塑市场，从而主动掌控洞察需求；

——研发/设计协作：通过多方协作研发/设计管理平台实现研发、设计、工程、运行等业务协作。

——工程承包商或服务商协作：通过工程管理系统实现与工程承包商或服务商建设全过程的业务协作。

——政府监管部门的协作：建立燃料元件企业政府监管信息服

务平台，根据政府监管要求，配置监管所需信息。并根据监管问题反馈及时上报信息，为核燃料元件运营者和政府机构提供全过程监管信息服务。

4）优化决策支撑子平台

优化决策子平台主要功能是收集、处理、分析企业业务数据、生产制造过程数据、企业外部数据，建立燃料元件制造数字孪生体，实现从运营到生产全流程的虚拟仿真，并基于人工智能、大数据技术从复杂的数据集中发现新的模式与知识，挖掘出价值信息，为企业的产品创新、运营提质、管理增效和精益生产提供科学决策的信息支撑。对于干法生产线、化工回收生产线等流程类产线，利用生产相关数据进行设备预测性维护、能源平衡预测及工艺参数寻优，可以降低生产成本，提升工艺水平以及保障生产安全。对于单棒、燃料组件制造等离散型产线，通过零配件仓储库存、订单计划与生产过程数据分析，实现生产计划排程优化。

优化决策子平台综合利用工业大数据技术，从数据采集开始，通过数据关联分析和数据反馈指导生产。对所采集的数据进行清洗、筛选、关联、融合、索引、挖掘，构建应用分析模式，实现数据到信息知识的有效转化。通过对 MES 系统中采集的生产单元分配、资源状态管理、产品跟踪管理等信息进行关联分析，为合理的库存管理、计划排程制定提供数据支撑；并且结合实时数据，对产品生产流程进行评估及预测，对生产过程进行实时监控、调整，并为发现的问题提供解决方案，实现全周期的协同优化，完成数据由信息到价值的转变。决策分析子平台通过采集和汇聚设备运行数据、工艺参数、质量检测数据、物料配送数据和进度管理数据等生产现场数据，利用大数据技术分析和反馈并在制造工艺、生产流程、质量管理、设备维护、能耗管理等具体场景应用，实现生产过程的优化。

（4）高场厂区网络基础构建

1）网络基础建设

部署高场新厂区网络基础设施，构建覆盖高场、江北厂区所有办公区域和生产区域的网络系统及办公网、工控网为一体的信息网络平台，满足核燃料元件制造数字化、网络化、智能化的需求；构建基于数据采集、汇聚、分析的服务体系，支撑制造资源泛在连接、弹性供给、高效配置，包含存储、集成、访问、分析、管理等功能的云平台，实现工业技术、经验、知识模型化、软件化、复用化，以子系统的形式应用于公司各类业务，最终形成资源富集、多方参与、合作共赢、协同演进的制造业生态；打造一个具备全面功能的区域中心“模块化数据中心机房”，并与江北厂区现有数据中心机房实现数据互通，建立异地容灾体系。高场新厂区广域网拓扑图如附图 2.5-6 所示。

厂区核心交换机部署在全厂数据中心，提供三层路由功能，连接厂区外部网络到内部用户的“纵向流量”和不同汇聚交换机之间的“横向流量”。关键设备采用全冗余设计，并采用交换机的集群、虚拟化以及堆叠等技术，在不降低网络可靠性的前提下，减化网络架构。

非密信息网络逻辑上包含：核心交换区、数据中心区、汇聚区交换区、外联出口区、安全缓冲区（DMZ 区）和运维管理区等。

核心交换区是整个数据中心的网络的核心和枢纽，负责各个模块的互联互通和数据高速转发；数据中心采用网络虚拟化技术，根据业务进行分区域设计，构建全厂计算资源池和存储资源池，构建用户私有云，提供灵活的私有云服务。

生产运行汇聚区包括车间/厂房级汇聚交换机、接入交换机、车间数据中心以及各应用系统组成。其中车间数据中心可独立实现部分车间运行管理功能，并与全厂数据中心互联。

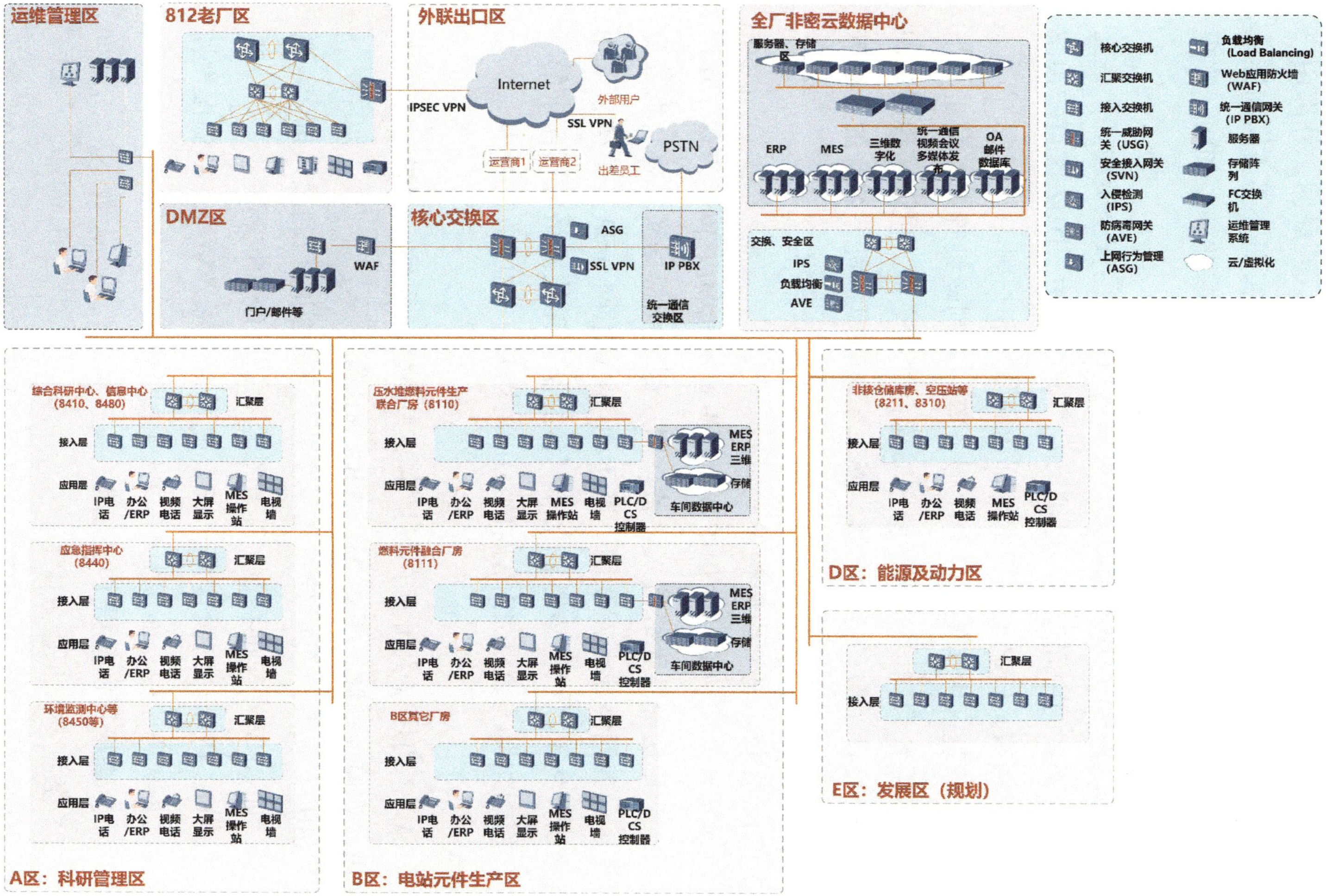

附图2.5-6　高场新厂区广域网拓扑图

外联出口区通过租用互联网运营商专线接入互联网。外部用户和出差人员可以通过 SSL VPN 方式接入厂区，实现外部访问和异地办公等需求。并在宜宾八一二老厂区建设端到端 IPSEC VPN，实现八一二新厂区与老厂区数据互联需求。

安全缓冲区（DMZ 区）是与外联出口连接的安全缓冲区，是互联网同内部网的中间地带，提供第一层网络防护。DMZ 区可实现邮件、门户网站、ERP 等系统的外部访问防护和控制。

运维管理区由运维软件、IT 服务等一系列运维管理人员工具组成。建设集合 IT 相关软件和硬件的综合管理平台，可以实现网络硬件、安全硬件、服务器、存储、操作系统和虚拟机等综合的运维管理平台。使用模块化平台，满足分阶段部署的要求。

2）5G 技术基础设施构建

在高场厂区数据及知识服务中心设置本地 MEC 网关设备，在厂区及生产厂房部署无线接入设备。用户面功能根据需求将数据分流至厂区内部网络或者互联网。基于 5G 独立组网（SA）架构，采用网络切片技术，根据核燃料元件厂智能制造无线网络应用需求的不同，将网络切分为互相隔离的 eMBB 切片、uRLLC 切片及 mMTC 切片。

eMBB 切片（大带宽）场景主要为核燃料元件厂智能制造的 AI 应用，如监控视频、工业 AR，VR、MR 等；

uRLLC 切片（低时延）场景主要为工业实时控制及人机交互的应用，如 AGV 小车的控制，生产线上控制系统的控制等；

mMTC 切片（海量连接）场景主要为传感采集用，如温湿度监控、设备状态监控、能源监控、物料信息跟踪等。

（5）高场厂区数据中心构建

1）数据与知识服务中心

根据高场信息化业务需求，在综合科研信息中心（8410）建设全厂数据与知识服务中心。

着眼高场信息化的长远发展，以向信息化业务系统提供灵活定制的资源服务、弹性的计算能力、完全可信的安全保障服务为基本要求，引进成熟先进的技术，调整优化数据与知识服务中心建设整体框架，并要充分考虑未来（至少10年）的发展要求。力争在“十四五”期间逐步建立以云计算为核心的信息化整体架构，实现从以业务应用为核心的被动建设方式向以服务为核心的主动建设方式的转型。

数据与知识服务中心机房采用模块化架构，密封冷通道，单个模块内一体化集成机柜系统、配电系统、制冷系统、管理系统和综合布线系统。在机房监控管理间设置机房及网络管理系统，用于运行维护人员对机房进行管理。模块化机房满足了云计算、虚拟化、刀片式服务器等高密低耗、快速部署、灵活扩展的需求，有效地提高了数据中心的工作效率，控制了投资成本。

数据与知识服务中心的ICT设备分区主要包括计算网络、存储网络和数据中心互联网络。分区示意如附图2.5-7所示。

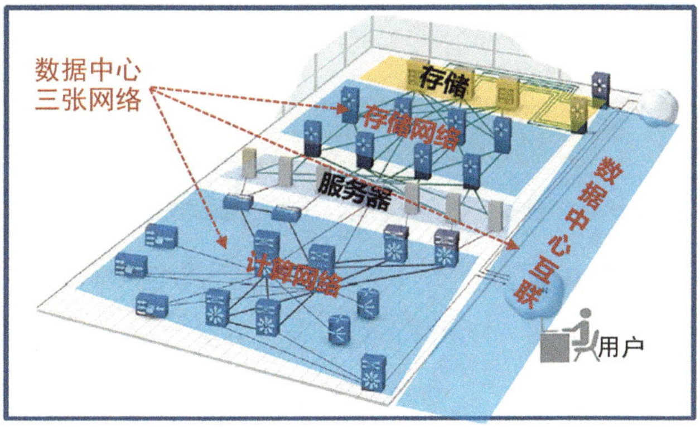

附图2.5-7　数据与知识服务中心ICT设备分区示意图

2）私有云

由于数据与知识服务中心未来主要承担公司核心业务，新产品和服务的快速投产对基础设施的灵活响应、快速的部署响应及支持能力都有新的和更高的要求，同时需要避免对现有应用带来冲击。与此同时，业务快速发展带来的大量数据和用户，要求具有高扩展性基础设施架构，灵活支持不同类型的数据，同时需要平衡功能和成本，以求能够在成本有效的前提下，满足突发业务的传输与用户访问的需求。

云计算资源池包括计算资源池、存储资源池、网络资源池三个部分，能够满足单位对计算资源、存储资源、网络资源的需求。考虑到数据中心扁平化管理需求，未来数据中心扩容、运维的便捷性，以及服务器资源的可利用性，云计算资源池的建设应充分考虑超融合技术，选择高性能设备，同时对现有设备进行整合。为实现资源的弹性伸缩和按需分配，有效降低单位资源成本，需要新购一批高性能大容量的服务器用于超融合基础架构构建，利旧一部分高性能的服务器、存储等设备，共同组建资源池。高场非密私有云架构见附图 2. 5-8。

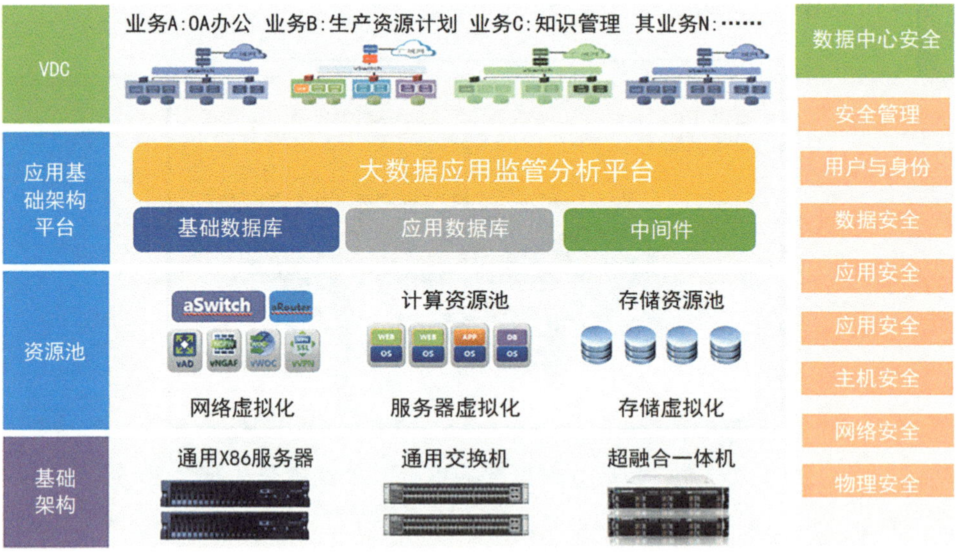

附图 2. 5-8　高场非密私有云架构图

（6）综合管理调度指挥中心

综合管理调度指挥中心是高场厂区数字化工厂应用的核心，主要完成电站元件生产区、特种产品生产区、能源及动力区的调度指挥、生产监视、辅助系统监视、安全环境监视、生产管理等功能，应急指挥、辐射监测、事故分析与评价、技术支持，对厂区内所有核设施事故应急进行统一指挥和协调。同时综合管理调度中心作为厂区的主要展示区域。综合管理调度中心的设计需要考虑到整体布局中区域划分及功能划分、灯光的设计、操作组设计及选用合适的操作台，为工厂提供一个高效、安全、和谐统一的运作环境。

根据行业相关规范、行业内流行趋势、厂区发展实际需要，以及参考核电相关行业的先进设计理念，综合管理调度中心设置生产调度和综合值守、生产视频监控、能源动力监控、消防监控、危险源监控等功能区。

综合管理调度中心根据812G05项目规划，设置在8410子项的应急指挥中心的应急指挥大厅中。综合管理调度中心的主要功能实现通过大屏幕系统、各个管控系统的操作终端实现。

综合管理调度指挥中心设计满足事故状态下采取应急措施，并可兼顾生产指挥中心。可实现安全生产监测数据、气象数据、有毒及可燃气体报警数据、火灾报警数据等采集，以及应急门户管理、应急预案、应急报警、应急响应、决策指挥、善后处理、应急演习和资源中心等功能。设计配备完善的应急监测设备和充足的人员，满足厂区内各设施整个寿期内的应急监测和事故处理要求。

（7）构建信息安全体系

依据《信息安全技术 网络安全等级保护基本要求》GB/T 22239的要求，结合高场厂区数据共享交换现状和需求分析，综合业务架构，识别出业务流程中所依赖的数据、数据提供方和需求方对数据的操作、安全和隐私保护要求等，构建高场厂区信息安全保障体系。

信息安全保障体系主要包括安全技术保障、安全管理和运维保障等几个方面。安全技术保障包含：身份认证、访问控制、入侵检测、边界防护、计算机病毒防范、备份与恢复等；安全管理和运维保障包含：安全管理机构、管理机构制度、安全管理制度、人员安全管理、安全策略、安全操作规程等。

通过信息安全保障体系的构建，部署物理安全、网络安全、主机安全、应用安全、数据安全等多重措施，确保高场厂区信息网络做到三防护：各安全域内部防护、安全域边界防护、安全域互联防护。

在保证系统可用性前提下，对信息系统进行防护，实现“垂直分层，水平分区。边界控制，内部监测”。“垂直分层、水平分区”即对信息系统垂直方向划分为四层：现场设备层、现场控制层、监督控制层、生产管理层。水平分区指各工业控制系统之间应该从网络上隔离开，处于不用的安全区。“边界控制、内部监测”即对系统边界即各操作站、工业控制系统连接处、无线网络等要进行边界防护和准入控制等。对工业控制系统内部要监测网络流量数据以发现入侵、业务异常、访问关系异常和流量异常等问题。

根据厂区特点拟采用的防护措施包括边界安全防护、网络威胁与审计平台、主机安全防护。

六、效果分析

（一）燃料元件智能制造效果

通过信息系统建设及数据交换，构筑精细、柔性、智能、绿色的核燃料元件制造体系，形成燃料元件产业链基于模型的横向和纵向的集成与协同能力，中核集团及原子能公司对燃料元件生产经营管理情况可见可控，持续增强产业链运营协同和创新驱动能力。

以工作流程为中心构建组织结构，推进燃料元件制造单位组织结构扁平化，完成元件制造纵向集成和多维度端对端集成，高效有序地整合燃料元件制造单位内部资源并分析市场变化，实现降本增效，预测决策，安全管控，支持企业价值创造空间的创新和拓展。

夯实燃料元件生产线自动化、信息化基础，构建元件制造物联网，完成燃料元件生产线多维度端对端集成，以数据共享和信息互联互通为基础，工艺模型化为支撑，实现燃料元件制造环境的全面感知、生产数据实时采集、质量动态控制、物流智能调度和制造过程智能决策，实现形成精益、柔性、智能、绿色的燃料元件制造新模式。

（二）智能制造能力技术成熟度

2025 年，核燃料元件智能制造能力成熟度全面达到三级，局部达到四级，具备系统集成、资源共享、生产协同、过程可视等特征，初步具备知识管理、预测诊断、数据分析、协同优化等特征。

2030 年，核燃料元件智能制造能力成熟度达到四级，全面具备知识驱动、物物互联、大数据分析、预测诊断、供应链协同、优化决策等特征。

2035 年达到智能制造能力五级，具备知识沉淀与传播、基于模型的自优化、自学习、自决策等特征。

“核燃料元件智能制造能力成熟度模型”详见附录。该模型是依据国家标准化管理委员会发布的《智能制造能力成熟度》GB/T 39116—2020 标准，并结合燃料元件产业链及产线特点进行修改细化形成的建议稿。

七、进度安排

先进信息技术与燃料元件制造融合发展重点围绕“2+4”项目进行推进建设，“2+4”项目包括燃料元件智能制造业务架构与 IT 架构及标准体系构建、现有可利用的燃料元件制造数字资产治理和流程治理、以及“4个中心”建设。其中燃料元件智能制造业务架构与IT架构及标准体系构建主要梳理完成燃料元件智能制造业务架构，进而确定IT架构，指导智能制造平台的开发，并在此基础上完成标准体系建设。现有可利用的燃料元件制造数字资产治理和流程治理，是充分传承利用现有的设计、建造和运维过程中产生的数据、信息和模型以及知识经验，通过治理可以移植在新建生产线。“4个中心”包括智能制造中心、数据与知识服务中心、产品技术优化支持中心、工程技术优化支持中心。

进度安排包括规划阶段、能力建设阶段和体系形成阶段，其中2021—2020年为规划阶段，2023—2025年为能力建设阶段，2026—2035年为智能制造体系形成完善阶段。

燃料元件智能制造业务架构与IT架构及标准体系构建在规划阶段主要完成业务架构和IT架构设计，后继的能力建设阶段和体系形成阶段主要完成标准体系建设和完善。

现有可利用的燃料元件制造数字资产治理和流程治理主要在规划阶段完成，为能力建设阶段系统、数据和信息移植利用奠定基础。

“4个中心”建设在规划阶段主要完成需求分析和架构设计，并与生产设施建设同步推进网络基础和物联网建设；在能力建设阶段主要完成系统开发和部署，实现内部协同和智能管控；在体系形成阶段主要完成平台完善、体系建设和协同优化。

八、结论与建议

（一）结论

先进信息技术与燃料元件制造融合发展是深入贯彻“核强国”方针政策，落实我国“核能走出去”战略，建设国际一流的先进核燃料科研设计生产体系，激发核燃料科研设计生产体系创新活力、发展活力和转型动力，推进先进核工业核心能力体系建设的需要。构建以工厂运维全生命周期和产品制造全生命周期两条主线为核心的燃料元件制造数字化、物联化、智能化新型生态，开发具有鲜明燃料元件智能制造特点的专用工业信息化系统，满足燃料元件产业“做大做强”的需要，满足“十四五”及今后一定时期核燃料元件智能制造发展要求，对于推动核燃料元件产业转型升级，提高自主创新能力和国际竞争力，实现核燃料元件产业可持续和高质量发展是十分必要的。

以先进信息技术与燃料元件制造融合发展为引擎，以燃料元件产品制造和生产设施运维的数字化、物联化和智能化为主线，总体规划，瞄准信息化建设的重点和痛点，分期分步实施，整体有序地推进信息化建设。利用5G互联网、数字孪生、大数据、云计算等先进信息技术，通过“小核心大协作”模式，在深入挖掘燃料元件智能制造需求，运用MBSE、TOGAF等先进理论方法，确定并统一燃料元件智能制造体系的功能架构、应用架构和数据架构，依托国内已经形成的智能制造配套能力，采用统一的技术平台和数据标准，统一考虑信息安全措施。最终形成燃料元件产业链横向集成、燃料元件制造纵向集成和多维度端对端集成的一体化、协同化的新时代燃料元件智能制造能力，在技术上是可行的。

以激发核燃料元件产品的创新活力、发展潜力和转型动力为牵引，促进先进数字信息技术与燃料元件制造的深度融合发展，构筑精细、柔性、智能、绿色、协同的燃料元件智能制造生态，构建1个体系——“体系效能型燃料元件智能制造体系”。重点打造“一体化智能制造管控平台”和“智能制造工程技术支持平台”2个大平台；建立完善支撑燃料元件智能制造架构的3个保障体系，包括企业标准化体系、数据标准化体系、信息安全保障体系；建设“智能制造中心”“产品技术优化支持中心”“工程技术优化支持中心”“数据和知识服务中心”4个中心；分阶段实施，实现先进信息技术与核燃料元件智能制造融合发展总体目标。

先进信息技术与燃料元件智能制造深度融合发展战略经过典型项目落地实施后，能够提升燃料元件数字化产品协同研发能力，数字化生产设施精益协同设计和数字孪生能力，精细、柔性、智能、绿色的核燃料元件制造能力，产品和生产设施全生命周期智能化运维和决策支持能力，燃料元件产业精细化、集约化运营及支持能力。

先进信息技术与燃料元件智能制造深度融合发展战略，采用分阶段实施，2025年核燃料元件智能制造能力成熟度全面达到三级，局部达到四级，智能制造水平初步达到世界先进水平。2030年核燃料元件智能制造能力成熟度达到四级，全面具备知识驱动、物物互联、大数据分析、预测诊断、供应链协同、优化决策等特征，智能制造水平全面达到世界先进水平，从“跟跑”转变为“并跑”。2035年核燃料元件智能制造能力成熟度基本达到五级，具备知识沉淀与传播、基于模型的自优化、自学习、自决策等特征，智能制造水平达到世界领先水平，从“并跑”变为“领跑”。

（二）规划建议

1. 智能制造实施的难点分析

（1）数字化转型体制变革问题

先进信息技术与燃料元件制造融合发展的本质是实现企业的数字化转型，数字化转型是个需要时间积累和逐步迭代的过程。传统的存量资产与新构建的信息化智能制造系统的融合演进发展，应从业务本质着手解决问题，尽量利用现有的组织资产，逐步地解耦和梳理现有系统，升级构建新时代燃料元件智能制造新模式，发展适合自身情况的演化路径。

（2）技术问题

智能制造是一个复杂的系统工程，涉及物联网平台、数据平台、开发平台、运营平台等各个层次方方面面的技术。利用国内智能制造和信息化大发展的良好环境和配套基础，以核燃料元件智能制造需求为牵引，充分考虑现有先进信息化技术的获得渠道。信息化、数字化、智能化所采用的基础软件平台方面，在安全自主可控的前提下，需要总体规划咨询单位联合国内有技术实力的企业、科研院校，采用“小核心、大协作”的方式来共同协作开发，实施智能制造项目的国产化落地。

（3）资金问题

由于技术的快速发展和更新，先进信息技术与燃料元件智能制造深度融合发展，需要经费的持续投入。燃料元件产业的信息化经费获取，可以采用国拨与自筹相结合的模式进行。通过科工局、工信部等智能制造试点项目获得国拨支持，并结合集团公司和企业自筹，共同解决智能制造经费投入问题。

（4）时间问题

核燃料元件智能制造项目往往与生产线建设项目同步开始，整体进度要求“同步设计、同步实施、同步投运”。因此需要深入结合生产线建设项目，预估信息化系统设计、实施的时间周期，同步开展信息化系统的规划、设计和实施。

考虑到信息化项目实施过程中，时间往往耗费在系统输入不明确、系统功能和管理流程反复修改的过程。为提高效率，保证时间节点，需要设计和建设单位，以及信息化系统实施方密切配合，领导挂帅，强势推动，细化固化信息化系统设计输入，确定信息化系统功能和管理流程。

由于核燃料元件智能制造项目审批滞后等风险，导致核燃料元件智能制造项目与生产线建设项目脱节，存在规划目标不能按期实现的风险。

2. 规划建议

（1）统一思想，加强顶层设计

信息化工作属于“花了钱，短期内见不到明显效益”的工作，必须由企业决策层统一思想，加强顶层设计，并强力推动，将信息化工作作为企业重点工作来抓，明确责任，增强考核力度，将员工的抵触情绪减少。

（2）流程优化

企业信息化是将企业的业务管理、生产控制、安全质量等业务流程融入信息系统，如果企业不能优化自身业务流程，从本质上讲，信息系统不会带来太大改变，因此，在做信息化时，建议各业务部门选派专职人员参与企业流程梳理及优化工作，或者组建专业管理部门。

（3）树立开放、动态的信息安全观念

燃料元件制造单位属于军工单位，在民品生产上依据受传统信息化涉密网思维约束，对先进信息技术的应用不够开放及有效，需要适当考虑军民融合，充分发挥信息化作用，提升工厂的智能化水平。

（4）引进挖潜，人才保障

加强内部挖潜，通过培训和激励措施，加快技术人才的成长速度，培养复合性人才，促进信息化管理人员向专业化发展，进一步提高各级组织对信息化工作的认识能力、规划能力、组织能力、执行能力、技术能力和运维保障能力；同时，根据工作需要，有针对性地多渠道地从外部引进“即插即用”型人才，逐步充实信息化专职人员队伍，确保信息化工作高水平开展。此外，必要时，雇佣外部专家，以补充完善企业人才保障体系。如附表 2. 8-1 所示。

附表 2.8-1 燃料元件智能制造能力成熟度等级（依据 GB/T 39116 编制）

<table>
<tr><th>类别</th><th>能力域</th><th>三级</th><th>四级</th><th>五级</th></tr>
<tr><td rowspan="2">人员</td><td>组织战略</td><td colspan="3">1. 应对智能制造战略的执行情况进行监控与评测，并持续优化战略。
2. 应建立优化岗位结构的机制，并定期对岗位结构和岗位职责的适宜性进行评估，基于评估结果实施岗位结构优化和岗位调整</td></tr>
<tr><td>人员技能</td><td>1. 应具有创新管理机制，持续开展智能制造相关技术创新和管理创新。
2. 应建立知识管理体系，通过信息技术手段管理人员贡献的知识和经验，并结合智能制造需求，开展分析和应用</td><td colspan="2">1. 应建立知识管理平台，实现人员知识、技能、经验的沉淀与传播。
2. 应将人员知识、技能和经验进行数字化与软件化</td></tr>
<tr><td rowspan="3">技术</td><td>数据</td><td>1. 应采用传感技术，实现制造关键环节数据的自动采集。
2. 应建立统一的数据编码、数据交换格式和规则等，整合数据资源，支持跨部门的业务协调。
3. 应实现数据及分析结果的跨部门在线共享</td><td>1. 应建立企业级的统一数据中心。
2. 应建立燃料元件制造过程常用数据分析模型库，支持业务人员快速进行数据分析。
3. 应采用大数据技术，应用各类型算法模型，预测燃料元件制造环节状态，为制造活动提供优化建议和决策支持</td><td>1. 应对数据分析模型实时优化，实现基于模型的精准执行</td></tr>
<tr><td>集成</td><td>1. 应形成完整的系统集成架构。
2. 应具有设备、控制系统与软件系统间集成的计算与规范，包括异构协议的集成规范、工业软件的接口规范等。
3. 应通过中间件工具、数据接口、集成平台等方式，实现跨业务活动设备、系统间的集成</td><td colspan="2">1. 应通过 ESB 和 ODS 等方式，实现全业务活动的集成</td></tr>
<tr><td>信息安全</td><td>1. 工业控制网络边界应具有边界防护能力</td><td colspan="2">1. 工业网络应部署具有深度包解析功能的安全设备</td></tr>
</table>

续 表

<table>
<tr><th>类别</th><th>能力域</th><th>三级</th><th>四级</th><th>五级</th></tr>
<tr><td>技术</td><td>信息安全</td><td>2. 工业控制设备的远程访问应进行安全管理和加固</td><td colspan="2">2. 应自建离线测试环境，对工业现场使用的设备进行安全性测试。
3. 在工业企业管理网中，应采用具备自学习、自优化功能的安全防护措施</td></tr>
<tr><td rowspan="2">资源</td><td>装备</td><td>1. 关键工序设备应具有数据管理、模拟加工、图形化编程等人机交互功能。
2. 应建立关键工序设备的三维模型库</td><td>1. 粉末制备、芯块制备、组件制造、零部件加工等关键工序设备应具有预测性维护功能。
2. 粉末制备、芯块制备、组件制造、零部件加工等关键工序设备应具有远程监测和远程诊断功能，可实现故障预警</td><td>1. 关键工序设备三维模型应集成设备实施运行参数，实现设备与模型间的信息实时互联。
2. 关键工序设备、单元、产线等应实现基于工业数据分析的自适应、自优化、自控制等，并与其他系统进行数据共享</td></tr>
<tr><td>网络</td><td>1. 应建立工业控制网络、生产网络和办公网络的防护措施，包括不限于网络安全隔离、授权访问等手段。
2. 网络应具有远程配置功能，应具备宽带、规模、关键节点的扩展和升级功能。
3. 网络应能够保障关键业务数据传输的完整性</td><td colspan="2">1. 应建立分布式工业控制网络，基于 SDN 的敏捷网络，实现网络资源优化配制</td></tr>
</table>

续 表

类别	能力域	三级	四级	五级
设计	产品设计	1. 应基于计算机辅助开展燃料元件三维产品设计。 2. 应通过产品数据管理系统实现产品设计数据或文档的结构化管理及数据共享，实现产品设计的流程、结构的统一管理，以及版本管理、权限控制、电子审批等。 3. 应实现产品不同专业或者组件直接的并行设计	1. 应建立典型燃料元件的标准库及产品设计知识库，在燃料元件设计时进行匹配和引用。 2. 燃料元件三维模型应集成产品设计信息，确保产品研发过程中数据的唯一性。 3. 应基于三维模型实现对外观、结构、性能等关键要素的设计仿真及迭代优化。 4. 应实现产品设计与工艺设计间的信息交互、并行协同	1. 应基于参数化、模块化设计。 2. 应基于统一的三维模型，实现产品全生命周期动态管理，满足设计、生产、物流、销售、服务等应用需求。 3. 应基于产品标准库和设计知识库的集成和应用，实现产品高效设计。 4. 应建立产品设计云平台，实现用户、供应商等多方信息交互、协同设计和产品创新
	关键装备及生产设施设计	1. 应通过设计管理系统，实现设计文档或数据的结构化管理、数据共享、版本管理、权限控制和电子审批。 2. 应建立典型制造工艺流程、参数、资源等关键要素的知识库，并能以结构化的形式展现、查询与更新。 3. 应基于数字化模型实现制造工艺关键环节的仿真分析及迭代优化。 4. 应实现关键装备及生产设施设计设计与产品设计之间的信息交互、并行协同	1. 应实现基于模型的三维工艺设计和优化，并将完整的工艺信息集成于三维工艺模型中。 2. 应基于工艺知识库的集成应用，实现工艺流程、工序内容、工艺资源等知识的实时调用，为工艺规划与设计提供决策支持。 3. 应实现基于三维模型的制造工艺全要素的仿真分析及迭代优化	1. 应基于工艺知识库的集成应用，辅助工艺优化。 2. 应基于设计、工艺、生产、检验、运维等数据分析，构建实时优化模型，实现工艺设计动态优化。 3. 应建立关键装备及生产设施设计云平台，实现产业链跨区域、跨平台的协同设计

续 表

类别	能力域	三级	四级	五级
生产	采购	1. 应将采购、生产和仓储等信息系统集成，自动生产采购计划，并实现出入库、库存和单据的同步。 2. 应通过信息系统开展供应商管理，对供应商的供货质量、技术、响应、交付、成本等要素进行量化评价	1. 通过与供应商的销售系统集成，实现协同供应链。 2. 应基于采购执行、生产消耗和库存等数据，建立采购模型，实时监控采购风险并及时预警，自动提供优化。 3. 应基于信息系统的数据，优化供应商评价模型	1. 应实现企业与供应商在设计、生产、质量、库存、物流的协同，并实时监控采购变化及风险，自动做出反馈和调整。 2. 应实现采购模型和供应商评价模型的自优化
	计划与调度	1. 应基于安全库存、采购提前期、生产提前期、生产过程数据等要素开展生产能力。运算，自动生成有限能力主生产计划。 2. 应基于约束理论的有限产能算法开展排产，自动生成详细生产作业计划。 3. 应实时监控各生产环节的投入和产出进度，系统实现异常情况自动预警，并支持人工对异常的调整	1. 应基于先进排产调度的算法模型，系统自动给出满足多种约束条件的优化排产方案，形成优化的详细生产作业计划。 2. 应实时监控各生产要素，系统实现对异常情况的自动决策和优化调度	1. 应通过工业大数据分析，构建生产运行实时模型，提前处理生产过程中的波动和风险，实现动态实时的生产排产和调度。 2. 应通过统一平台，基于产能模型、供应商评价模型等，自动生成产业链上下游企业的生产作业计划，并支持企业间生产作业计划异常情况的统一调度
	生产作业	1. 应根据生产作业计划，自动将各工艺文件下发到各生产单元。 2. 应实现对生产作业计划、生产资源、质量信息等关键数据的动态监测	1. 应根据生产作业计划，自动将生产程序、运行参数或生产指令发到数字化设备。 2. 应构建模型实现生产作业数据的在线分析，优化生产工艺参数、生产资源配置等	1. 宜实现生产资源自组织、自优化，满足柔性化、个性化生产的配置等

续 表

类别	能力域	三级	四级	五级
生产	生产作业	3. 应通过数字化检验设备及系统的集成，实现关键工序质量在线检测和在线分析，自动对检验结果判断和报警，实现检测数据共享，并建立产品质量问题知识库。 4. 应实现生产过程中原材料、半成品、产成品等质量信息可追溯	3. 应基于在线监测的质量数据，建立质量数据算法模型预测生产过程异常，并实时预警。 4. 应实时采集产品原料、生产过程、客户使用的质量信息，实现产品质量的精准追溯，并通过数据分析和知识库的运用，进行产品的缺陷分析，提出改善方案	2. 应基于人工智能、大数据等技掘，建立质量数据算法模型术，实现生产过程非预见性异常的自动调整。 3. 应基于模型实现质量知识库自优化
	设备管理	1. 应实现设备关键运行参数数据的实时采集、故障分析和远程诊断。 2. 应依据设备关键运行参数等，实现设备综合效率统计。 3. 应建立设备故障知识库，并与设备管理系统集成。 4. 应依据设备运行状态，自动生成检修工单，实现基于设备运行状态的检修维护闭环管理	1. 应基于设备运行模型和设备故障知识库，自动给出预测维护解决方案。 2. 应基于设备综合效率的分析，自动驱动工艺优化和生产作业计划优化	1. 应采用机器学习、神经网络等，实现设备运行模型的自学习、自优化
	仓储配送	1. 应基于仓储管理系统与制造执行系统集成，依据实际生产作业计划实现半自动或自动出入库管理。 2. 应通过配送设备和信息系统集成，实现关键件及时配送	1. 应通过数字化仓储设备、配送设备与信息系统集成，依据实际生产状态实时拉动物料配送。 2. 应建立仓储模型和配送模型，实现库存和路径的优化	1. 应基于分拣和配送模型，满足个性化、柔性化生产实时配送需求。 2. 通过企业与上游供应链的集成优化，实现最优库存或即时供货

续 表

类别	能力域	三级	四级	五级
生产	安全环保	1. 应建立安全培训、风险管理等知识库 在现场作业端应用定位跟踪等方法，强化现场安全管控。 2. 应实现从清洁生产到末端治理的全过程环保数据的采集，实时监控及报警，并开展可视化分析 3. 应建立应急指挥中，基于应急预案库自动给出管理建议，缩短突发事件应急响应时间	1. 应基于安全作业、风险管控等数据的分析，实现危险源的动态识别、评审和治理。 2. 应实现环保监测数据和生产作业数据的集成应用，建立数据分析模型，开展排放分析及预测预警	1. 应综合应用知识库及大数据分析技术，实现生产安全一体化管理。 2. 应实现环保、生产、设备等数据的全面实时监控，应用数据分析模型，预测生产排放并自动提供生产优化方案并执行
	能源管理	1. 应对高能耗设备能耗数据进行统计与分析，制定合理的能耗评价指标。 2. 应建立能源管理信息系统，对能源输送、存储、转化、使用等各环节进行全面监控，进行能源使用和生产活动匹配，并实现能源调度。 3. 应实现能源数据与其他系统数据共享，为业务管理系统和决策支持系统提供能源数据	1. 应建立节能模型，实现能流的精细化和可视化管理。 2. 应根据能效评估结果及时对空压机、锅炉等高耗能设备进行技术改造和更新	1. 应实现能源的动态预测和平衡，并指导生产
物流	物流	1. 应通过仓储管理系统和运输管理系统的集成，整合出库和运输过程。 2. 应实现运输配送关键节点信息跟踪，并通过信息系统将信息反馈给客户	1. 应实现生产、仓储配送、运输管理多系统的集成优化。 2. 应实现运输配送全过程信息跟踪，对轨迹异常进行报警。 3. 应基于模型，实现装载能力优化以及运输配送线路优化	1. 应通过物联网和数据模型分析，实现物、车、路、用户的最佳方案自主匹配

续 表

类别	能力域	三级	四级	五级
销售	销售	1. 应根据数据模型进行市场预测，生成销售计划。 2. 应与采购、生产、物流等业务集成，实现客户实际需求拉动采购、生产和物流计划	1. 应通过对客户信息的挖掘、分析，优化客户需求预测模型，制订精准的销售计划。 2. 应根据客户需求变化情况，动态调整设计、采购、生产、物流等方案	1. 宜通过虚拟现实技术，满足销售过程中客户对产品使用场景及使用方式的虚拟体验
服务	客户服务	1. 应具有客户服务信息数据库及客户服务知识库，实现与客户关系管理系统的集成	1. 应实现面向客户的精细化管理，提供主动式客户服务。 2. 应建立客户服务数据模型，实现满足客户需求的精准服务	1. 应采用服务机器人实现自然语言交互、智能客户管理，并通过多维度的数据挖掘，进行自学习、自优化
	产品服务	1. 产品服务系统应具有产品运行信息管理及寿命管理等功能，并实现与设计、生产、销售等系统的集成	1. 应建立远程运维服务平台，应对装备/产品上传的运行参数、用户使用等数据进行挖掘分析，并与产品全生命周期管理系统、产品研发管理系统集成，实现产品性能优化与创新	1. 应通过云平台，整合跨区域、跨界服务资源，构建服务生态

附件3

数字铀矿山发展战略研究

专 题 组 成 员

召集人： 钟　杰　中核集团战略与管理咨询委员会　研究员级高工

成　员： 陈跃辉　中核集团战略与管理咨询委员会　研究员级高工

苏学斌　中国铀业有限公司　研究员级高工

邢　妍　中国铀业有限公司　高　工

原　渊　中核通辽铀业有限责任公司　高　工

关　键　中核矿业科技集团有限公司　高　工

执笔人： 侯　江　中核矿业科技集团有限公司　高　工

一、必要性与重要性

（一）智能矿山的概念和特征

1. 概念

智能矿山现在尚没有统一的概念。国标《智慧矿山信息系统通用技术规范》（GB/T 34679—2017）中对智慧矿山的表述为智慧矿山（Smart Mine）基于空间和时间的四维地理信息、云计算、大数据、虚拟化、计算机软件及各种网络，集成应用各类传感感知、数据通信、自动控制、智能决策等技术，对矿山信息化、工业自动化深度融合，能够完成对矿山企业所有信息的精准适时采集、高可靠网络化传输、规范化信息集成、实时可视化展现、生产环节自动化运行，能为各类决策提供智能化服务的数字化智慧体，并对人-机-环的隐患、故障和危险提前预知和防治，使整个矿山具有自我学习、分析和决策能力。智慧矿山联盟提出智慧矿山定义就是对生产、职业健康与安全、技术和后勤保障等进行主动感知、自动分析、快速处理的无人矿山。

从不同的描述中可以看出，智能矿山的实质是以信息化建设为基石，在数字化的基础上构建的一系列信息系统，从矿山的生产过程管理、调度指挥控制到后勤生活保障和安全环保职业卫生等，全方位提升矿山的运营效率和安全生产水平。

2. 特征

总结上述概念可以看出，智能矿山具备以下特征：

1）精准采集

准确采集矿山地上、地下任何地点、任何时间所需要的资源、安全、生产和管理等信息，并保证信息的及时性。

2）网络传输

所有信息包括实时数据、多媒体数据和管理数据，可以通过矿山局域网和运营商广域网进行准时、可靠、安全的传输，必要的数据要保证始终同步。

3）规范集成

通过标准的数据格式、开放的通信协议和统一的管理规范所定义的矿山定制化数据库，实现各种应用的互联互通，确保数据唯一入口和一致性。

4）可视展示

对于所有生产、管理和资源等信息和模型，利用地理信息、虚拟现实、模拟仿真、多媒体和可视化分析等技术进行表达和展现，实现矿山生产全流程的透明化管理。

5）智能服务

在灾害预警、计划编制、过程控制、经济分析和生产调度等方面提供智能化工具和决策支撑，最大限度优化组织架构、减少管理流程、避免人工干预带来的决策失误和响应滞后。

6）自动运行

对于工业控制流程、生产执行过程和监视监控环节等时限性强、准确度高的控制过程，以及环境恶劣和工作量繁重的岗位实现自动化远程管控和无人值守。

（二）国内智能矿山发展现状

矿山行业属于流程制造工业，其自动化、信息化发展经历了生产自动化、流程电子化、管理信息化、矿山数字化的过程，随着两化融合的逐步深入，正朝着智能化的方向发展。

我国智能矿山建设起步较晚，在信息化管理、数字化建设和专业软件开发等方面还有较大提升空间。根据工信部信软司数据显示，截至2020年6月我国工业规模以上企业关键工序数控化率达51.1%，同比上升2.3%，集成提升以上企业比例达22.8%，同比上升3.5%，数据表明我国制造业整体还停留在数字化转型攻坚阶段。近年，我国石油、煤炭和有色金属等行业的数字矿山建设较大投入，使矿冶领域的生产自动化、管理信息化和矿山数字化水平大幅提高。

1. 石油行业

中石油等大型央企一贯重视数字化、智能化规划和建设工作，无论在信息化顶层设计还是数字油田建设上都取得了显著成绩，并逐步开展智能油田的技术探索。

顶层设计方面，中石油自“十一五”就开始设计并不断优化信息化总体框架，发展到“十三五“已包含7大类87个项目，大力推进以ERP为核心的经营管理平台、以生产执行系统（MES）为核心的生产营运平台、信息基础设施及运维平台建设，如附图3.1-1所示。

中国石油目前已建成三地四个数据中心，拥有1万机柜，1.2万虚拟机，TB级存储能力，多个系统实现云化实施，各油田通过区域网络中心互联，带宽622 M以上。数字油田建设方面，新疆油田公司的克拉玛依油田2006年起逐步完成“数字正常化”“系统集成化”“生产自动化”和“决策智能化”，并于2010年全面建成新疆数字油田。随着两化深度融合的逐步推进，目前已有长庆、西南和大港等油田分公司完成数字油田建设并初步开展智能油田探索，提出智能油田具备实时感知、全面联系、远程诊断自动处理、即时预警预测趋势、模拟分析优化生产和虚拟专家辅助决策六大特征，如附图3.1-2所示。

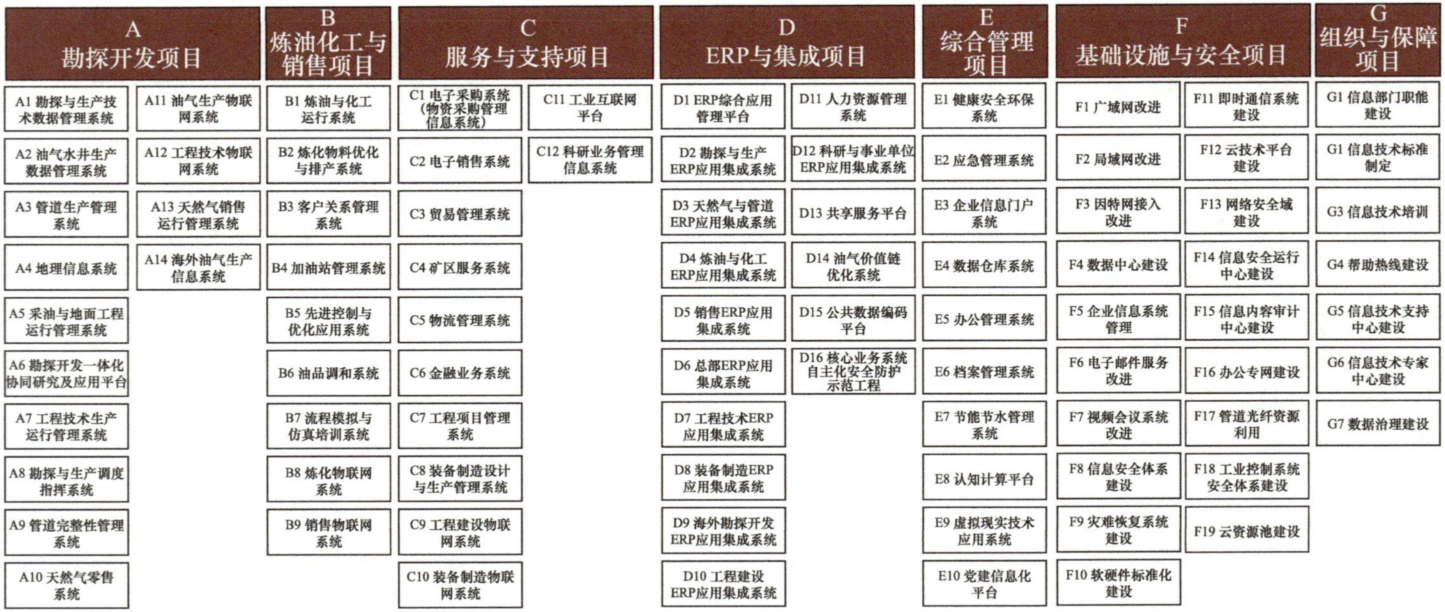

附图3.1-1　中石油信息化规划总体框架

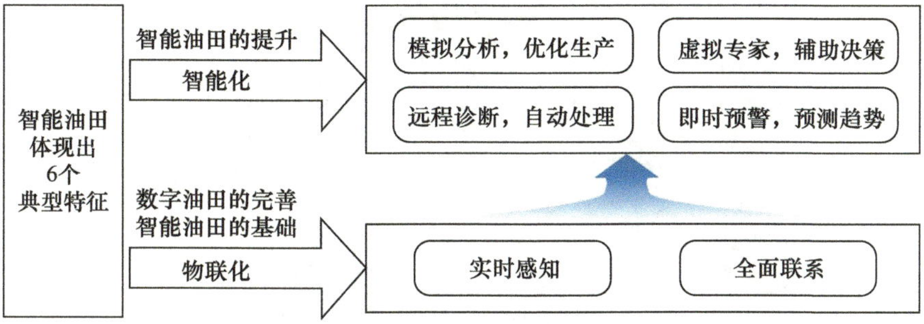

附图 3.1-2　智能油田的特征

2. 煤炭行业

我国数字煤矿技术相对成熟，智能煤矿技术在无人工作面和智能矿井建设上取得一定成绩，但是完全无人煤矿尚无实现。目前中煤（中国中煤能源集团有限公司）、陕煤（陕西煤业化工集团）、同煤（大同煤矿集团）、平煤、山东能源和冀中能源等煤炭生产企业都在积极探索智能矿山建设，建成了一批高水平的智能矿井。

我国煤炭以井工开采为主，通过智能化开采技术与装备的创新研发，在薄和较薄煤层智能化综采，大采和超大采高智能化综采以及特厚煤层综放开采智能化技术与装备方面实现技术突破，全部装备实现了国产化。企业充分创新开采理念和智能化生产模式，形成了“集控中心可视化远程控制割煤，工作面无人操作”“无人跟机作业，有人安全值守”等开采思路，构建了“以工作面自动控制为主，集控中心远程干预为辅”的工作面智能化生产模式，实现了智能采煤技术的深刻变革，已建成一批现代化特大型安全高效煤矿。2014 年黄陵一号煤矿首创国内无人开采工作面，实现“顺槽监控中心 2 人可视化远程干预控制，工作面内 1 人巡视”的常态化生产，如附图 3.1-3 所示，工作面生产作业人员由 11 人递减至 3 人，生产效率提高 25%。此后已有双龙和瑞龙等煤业公司实现了部分煤层的智能开采。

附图 3. 1-3　顺槽监控中心

3. 钢铁行业

我国钢铁行业基本完成了生产自动化管控，建立了信息化管理体系，引入并开发了大量定制化软件，但多数企业仍处于软件系统集成应用技术攻坚期，人工智能、大数据等高新技术仅在部分领域开始探索。以首钢为代表的大型钢铁企业较早开展与 SAP 等国际知名管理软件供应商的合作，建立了涵盖企业资源计划（ERP）、制造执行系统（MES）和过程控制系统（PCS）三层信息化管理结构，如附图 3. 1-4 所示。但是多数企业的 ERP、MES 和 PCS 仍无法实现系统间的全面无缝集成。

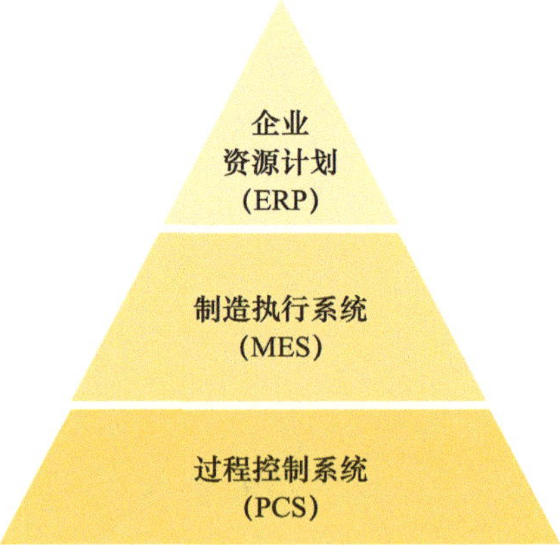

附图 3. 1-4　顺槽监控中心

中国主要钢铁企业关键工艺流程数控化率超过 65%，车间级 MES 基本普及，ERP 装备率超过 70%。首先，国内大中型钢铁企业与国外钢铁企业设备和自动化水平相当，部分领域处于在国际领先，但是人工智能应用才刚刚起步。其次，我国钢铁企业较早启用 MES 系统，并在宝钢、鞍钢和太钢等企业都得到了成功的应用。但是 MES 如何与 ERP 等系统集成融合，做到数据共享，实现更深层次的管控一体化仍是钢铁企业探索的课题。最后，我国钢铁行业 ERP 正处于快速发展推广阶段，但是仍然缺乏对企业管理数据的深层挖掘和商业智能应用的深度开发。

（三）智能矿山建设必要性和重要性

1. 国家战略发展的要求

从 2015 年提出“中国制造 2025”利促智能矿山发展进程，到将“加快数字经济、数字社会、数字政府建设，推动各领域数字化优化升级”写入“十四五”规划和 2035 愿景目标，再到今年习近平总书记多次强调“加快数字经济、数字社会、数字政府建设，推动各领域数字化优化升级”，都充分体现了国家对于抓住产业数字化、数字产业化赋予的机遇，加快新型基础设施建设，抓紧布局数字经济等战略性新兴产业、未来产业，大力推进科技创新，着力壮大新增长点、形成发展新动能的决心。2020 年数字化发展相关政策要求密集发布：国资委发布《关于加快推进国有企业数字化转型工作的通知》；工业和信息化部发布《关于推动工业互联网加快发展的通知》。“十四五”期间，我国将迎来先进信息技术与产业经济融合发展爆发期和企业数字化转型的高峰期，以先进信息技术与铀矿采冶产业深度融合发展为基础的智能矿山建设是把握“新基建”历史机遇，落实国家对央企数字化转型要求的重要举措。

2. 集团公司建设的要求

中国核工业集团有限公司（以下简称中核集团）为贯彻落实国

家发展要求，在“十三五”信息化规划中明确了“数字核工业”发展战略，其中数字铀矿山作为“数字核工业”的重要组成部分被提上了建设日程。随着先进信息技术与核工业产业的深度融合，2019年中核集团启动了“中核集团人工智能与核科技产业融合规划项目”等课题，为下属单位开展数字化、智能化技术研究指明了方向。在国家大力推动人工智能与实体经济深度融合的大背景下，为贯彻落实党的十九大精神和习近平总书记的系列重要讲话精神，中核集团主动把握新一代人工智能发展重大战略机遇，提出“加强人工智能与核科技产业融合发展”的有关要求，出台《中核集团创新2030工程》等文件，得出“数字技术革命为核工业加快转型升级提供了新动能”的科学论断，制定“2030要初步建成智慧核工业”的战略目标。智能铀矿山建设全面响应中核集团人工智能与核科技产业融合发展规划要求，通过立足典型，树立标杆、示范带动，助力推动铀矿企业生产过程的转型升级，支撑中核集团建设智慧核工业的时代重任，最终实现将中核集团建设成引领国际核科技发展的世界一流企业集团，推动我国建成核强国的伟大愿景。

3. 国内外市场形势的要求

2010年以来我国经济增速进入波动下行的新常态，并呈现出经济增速从高速增长向中高速增长转化、经济结构不断优化升级以及增长动力转向创新驱动的三个主要特点。面对供给和需求不平衡、不协调的矛盾，国内矿山行业发展的基本条件发生系统性的变化。供给侧方面，国内矿山劳动力、自然资源、环境和技术进步等生产成本刚性上升，税费负担居高难降；国际天然铀市场在福岛事故后下降超过预期，全球铀产量近年持续增加，天然铀市场供大于求的情况严重，造成铀价剧降。受国内外市场环境影响，我国天然铀开发生产成本高于海外市场进口价格，为此中国铀业有限公司（以下简称“中国铀业”）根据中央关于供给侧结构性改革精神和国企改革要求，关停了一批低产能、高能耗、高污染、高风险的南方硬岩矿山，通过淘汰落后产能，提高生产率和安全环保水平，进一步实现产业升级。另一方面，为了保障核工业发展的需求，中国铀业持续推进北方地浸铀矿大基地建设，伴随新旧动能转换带来的矿山生产模式的不断更新，采矿工业逐渐向规模化、集约化和协同化方向发展，采矿工程迈入远程遥感、智能化乃至无人化阶段，水冶过程全面实现自动化，并逐步拓展到智能化阶段，各类数据通过信息技术赋能，已经成为矿山企业的重要生产要素。综上所述，智能矿山建设是应对国内外市场变革和竞争的一种必然趋势，也注定成为中国铀矿领域的技术热点和发展方向。

4. 企业自身发展的要求

我国矿山企业已经由高速增长转向高质量发展阶段，而智能矿山建设就成为矿山企业转型的核心，通过企业业务流到价值流的转变，解决公司数字化转型问题，在完成价值驱动变革的同时，实现了企业降本增效，提高竞争力的根本目标。地浸铀矿生产企业属于传统流程制造行业，呈现出点多线长面广等特征，井口、管线和集控室等仪器设备运维、巡检的人工成本较高；另一方面，矿山位置偏远，存在招工困难、人工成本高的问题。随着我国正式进入中度老龄化社会，企业用工矛盾将越发尖锐。为了扩展企业的发展空间，矿山企业正面对转变发展方式、优化经济结构、转换增长动力的关键期，通过数字化转型，抓住数字经济发展机遇，以提质增效为中心，紧紧围绕创新驱动、智能转型、绿色发展目标，全面推进实施智能矿山建设，通过建设机械化换人、自动化减人、智能化无人的先进铀矿山，完美地实现了生产方式转变、组织架构精简和成本的精准控制，提高企业核心竞争力，树立创新、协调、绿色、开放、共享的智能矿山新形象，助力中国铀业打造以铀为本，国际一流的科技型矿业公司。

二、基础条件和对标研究

（一）已有政策和外部条件

1. 政策环境

我国一贯高度重视制造业数字化转型发展，国家“十四五”规划提出了“促进数字技术与实体经济深度融合，赋能传统产业转型升级，催生新产业新业态新模式，壮大经济发展新引擎”的数字经济发展新战略方向。矿产资源行业作为我国实体经济的重要支撑和制造业不可分割的组成部分，近年来享受国家数字经济政策红利，相关政策密集发布。

2016 年国土资源部发布了《全国矿产资源规划（2016—2020 年）》，明确提出加快建设数字化、智能化、信息化、自动化矿山。2017 年科技部等三部委联合发布《“十三五”资源领域科技创新专项规划》，为实现矿山生产过程的自动检测、智能监测、智能控制与智慧调度，有效提高矿山资源综合回收利用率、劳动生产率和经济效益收益率奠定了基础。2018 年《智慧矿山信息系统通用技术规范》（GB/T 34679—2017）开始实施，该国标使智慧矿山建设有据可依，有章可循。2019 年《信息化和工业化融合管理体系评定指南》（GB/T 23003—2018）国家标准发布实施，该标准提供了两化融合管理体系评定原则，明确相关方评价企业两化融合管理体系的符合性和有效性。2020 年工业和信息化部、国家发展改革委和自然资源部联合发布了《有色金属行业智能矿山建设指南（试行）》等三个指导文件，文件结合我国有色金属矿山开采特点，着力推进先进信息技术在有色金属矿山的应用。

2. 智能铀矿山建设外部条件

随着第四次工业革命的到来，高新信息技术迎来井喷式爆发，为智能铀矿山建设提供了技术支撑。

（1）智能装备、仪表与自动化控制系统

自动化技术是指智能装备和监测仪表在无人干预的情况下，按照规定的程序自动操作和运行。在线监测仪表、智能装备和控制系统分布于数字矿山的设备控制层和过程控制层，是矿山智能管控的基础和根本。在矿山中通过部署智能装备，应用自动化技术能够进行自动作业，实现24小时不间断工作。我国地浸铀矿山自动化生产水平较高，在井场抽注、离子交换和溶液配制等关键工艺过程自动化覆盖率高，基本实现无人值守。

（2）物联网（IoT技术）

数据精准采集是智能矿山重要的特征和基础的功能，物联网技术的发展满足了矿山全面感知的需要。2010年政府工作报告中对物联网定义：指通过信息传感设备，按照约定的协议，把任何物品与互联网连接起来，进行信息交换和通信，以实现智能化识别、定位、跟踪、监控和管理的一种网络，是在互联网基础上延伸和扩展的网络。相较于传统的互联网，物联网具有更广泛的互联和更透彻的数据感知，通过基础工业通信网络实现设备与设备、人与设备的互联，增强了信息交互实时性。物联网在铀矿山应用主要包括数控类生产设备（变频器、潜水泵等）、生产线成套设备（PLC、DCS）和专用非标设备（铀浓度在线监测仪等），可适应各种异构网络和协议。

（3）大数据

智能矿山建设是一个复杂的系统工程，存在地质、生产和管理等不同类型数据源，数据种类涵盖结构、半结构和非结构化数据。地质和生产系统每天产生海量数据，大数据技术的横空出世解决了海量多源异构数据处理问题。国际上对大数据的定义还不统一，美国麦肯锡咨询公司提出：大数据是大小超出常规的数据库工具获取、存储、管理和分析能力的数据集。目前大数据技术已初步应用于我国各类矿山，主要体现在底层数据治理、生产参数优化、设备预维护、风险预警、库存预测与决策支持等方面。

（4）云计算

随着矿山自动化和数字化建设的持续推进，企业积攒了海量数据，为了满足智能矿山对现场数据的实时分析与精准控制的需要，高性能数据计算能力——云计算（Cloud Computing）就变的必不可少。云计算的概念目前并不统一，最典型的是美国国家标准与技术研究院的定义：云计算是一种按使用量付费的模式，只需要少量管理工作通过网络就可以提供可用、便捷、按需的服务（包括网络、服务器、存储、应用和服务），系统资源统一存放在可配置的资源共享池中并能够快速部署和回收。云计算起源于分布式计算，可以在几秒内完成对数以万计的数据处理，从而达到强大的网络服务。2018 年国家超级计算天津中心与中国恩菲（工程技术有限公司）合作，共同研发出矿业领域专属平台——天河矿业云，可提供包括在线协同设计、远程数据采集、三维真矿山数字化运维等多项服务。2020 年 8 月中核集团首个大数据中心开工建设，该项目建成后可为智能铀矿山建设提供一揽子 IT 基础设施解决方案。

（5）边缘计算

智能矿山对数据的在线分析时效性有较高要求，受到网络通信的限制，集中式的数据中心不再满足现场要求，由此边缘计算技术应运而生。边缘计算是指在靠近物或数据源头的一侧，采用网络、计算、存储、应用核心能力为一体的开放平台，就近提供最近端服务，其应用程序在边缘侧发起，产生更快的网络服务响应，满足行业在实时业务、应用智能、安全与隐私保护等方面的基本需求。边缘计算通过缩短设备与服务器之间的距离，拥有实时性强、成本低和带宽要求小的优势，可以大幅减轻云端负荷。随着各大能源、矿业集团大型数据中心的建设，矿山企业已经意识到生产管控等对数据处理时效性要求较高的应用不适合上云，大规模建立二级数据分理中心，为生产一线提供应用部署和数据分析服务，逐渐形成了云–边–端的管理体系。

（6）5G 技术

为实现智能矿山全面感知的功能要求，遍布矿山的泛在物联网建设就显得尤为重要。地浸铀矿山占地范围大、抽注孔数量多，所有监测点都是用光纤通讯建造成本太高，以 5G 为代表的无线通信技术，为解决矿山数据传输提供了新的解决思路。5G 技术即第五代移动通信技术，是大规模天线阵列与超密集组网体系组合而成的通信应用结构，能建立新型网络架构体系，具备连接千亿设备的能力。目前，洛阳钼业、鄂尔多斯大唐宝利矿区等国内单位在智能矿山建设中已积极开展 5G 技术探索应用，在矿区安防、矿区爆破和机器人控制、井下定位、设备远程控制和无人驾驶等方面都取得了有益的尝试和显著的成果。

（7）人工智能

智能矿山的最终形态是无人化矿山，人工智能技术是保证矿山平稳运行的根本保障。人工智能（Artificial Intelligence，简称 AI）是研究、开发用于模拟、延伸和扩展人的智能的理论、方法、技术及应用系统的一门科学。人工智能如今已经进入 2.0 时期，主要包括：① 大数据驱动知识学习技术；② 基于互联网络的群体智能；③ 跨媒体认知、学习和推理；④ 人机混合的增强智能；⑤ 自主智能系统。人工智能技术的研究范畴大、时间跨度大，与矿山结合点也非常多：与矿山灾害治理相结合，可构建智能灾害治理平台；与开采技术相结合，可构建智能抽注平衡控制技术；与监控系统相结合，可构建智能监控系统。

（二）智能铀矿山建设的基础

1. 地浸铀矿山生产数字化建设情况

为实现产业结构调整、集中优势资源，中国铀业关停了大部分南方硬岩铀矿山，近年主攻北方可地浸砂岩型铀矿，在伊犁、鄂尔多斯、二连、松辽等盆地新发现了一批经济可采的大型、特大型铀矿，2000 年以来新增探明铀资源量相当于前 45 年累计探明资源量的总和。通过积极推广应用新技术、新方法、新工艺，全面推进绿色矿山建设，改变了我国传统铀矿山“小而全、小而散”的开发格局，实现了铀矿山资源利用集约化、采冶方式科学化、生产管理数字化、设施本质安全化、环境生态和谐化的发展新模式。我国首个千吨级现代化绿色铀矿山建成，人均劳动生产率较常规硬岩铀矿提升了 7 倍，标志着我国地浸铀矿山达到国际先进水平。

（1）自动化采铀技术达到国际先进水平

生产自动化系统主要包括智能装备和生产自动化系统，是智能铀矿山建设的基础。我国大部分地浸铀矿山实现了井场和水冶生产自动化，自控水平达到国际同行业先进水平；部署了生产、管理网络主干线，建成了集生产自动化控制、高清工业电视监控、重点区域安全防范报警和网络通信于一体的调度指挥系统。其中通辽铀业的钱家店铀矿床是我国首创以 CO_2+O_2 为溶浸剂的原地浸出采铀工艺的地浸铀矿山。该项目开创了我国以 CO_2+O_2 为代表的第三代地浸采铀技术自动控制的新局面：突破了我国地浸采铀领域传统的低压控制方式，首次采用注液泵高压变频控制，确保了注液系统的连续安全运行；采用差压控制实现浸出液过滤自动预警，提升过滤系统的运行效率；利用自控阀，实现了溶浸液、O_2、CO_2 主管加入量的远程精准控制，如附图 3. 2-1 所示。

（2）两化融合技术初见成效

“十三五”以来，地浸铀矿在生产自动化和管理信息化建设上也取得了重大成果，通过自动化控制系统、工业监控系统和生产调度管理有机结合，建立了统一的生产调度指挥中心，实现了水冶厂全自动和井场无人值守，一人调控全厂，如附图 3. 2-2 所示。部分

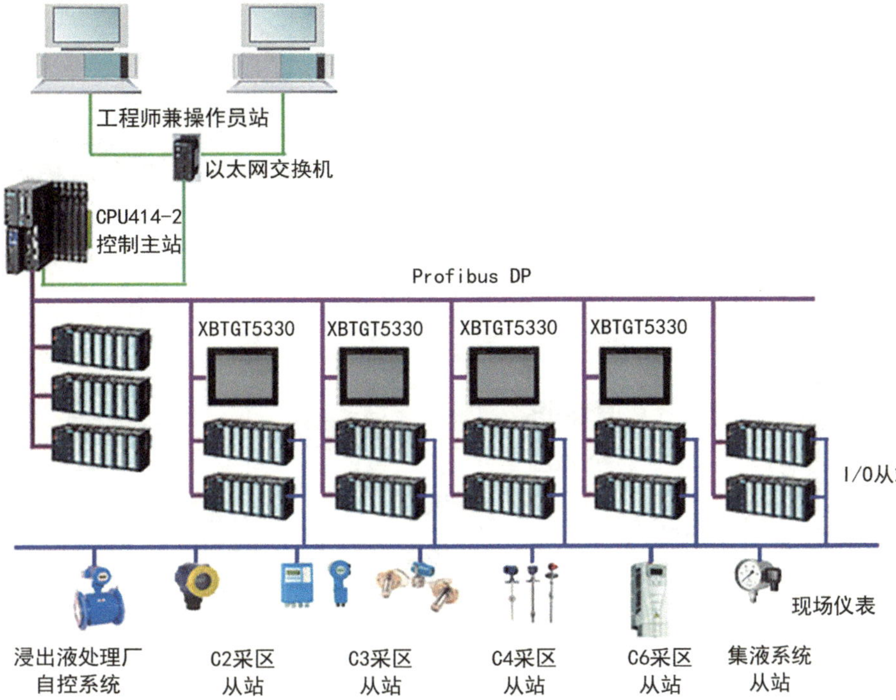

附图 3.2-1　通辽铀业自控系统结构图

矿山采用完全自主知识产权的中间件数据采集系统，实现了生产控制系统数据的自动采集，为管理信息系统提供基础数据，初步实现了生产自动化与管理信息化的有效融合，提高了企业管理效率。

（3）信息化管理技术逐渐成熟

信息化管理系统主要指铀矿企业运营管理中使用的各种管理软件和系统，目前我国地浸采铀矿山在企业经营管理中全力推进信息化水平提升，初步建立了 OA、ERP 等信息化管理系统。在生产管控方面实施了生产数据报表、安防工业电视监控和视频会议等系统；首次将光纤测温技术引入地浸采铀行业，研发了蒸发池防漏监测系统；建立了四维地质资源动态管理系统（RDS）和生产操作仿真实训系统，如附图 3.2-3 所示；引入国外先进钻孔管理软件 ROCKWORKS，开展采区溶浸管理工作。

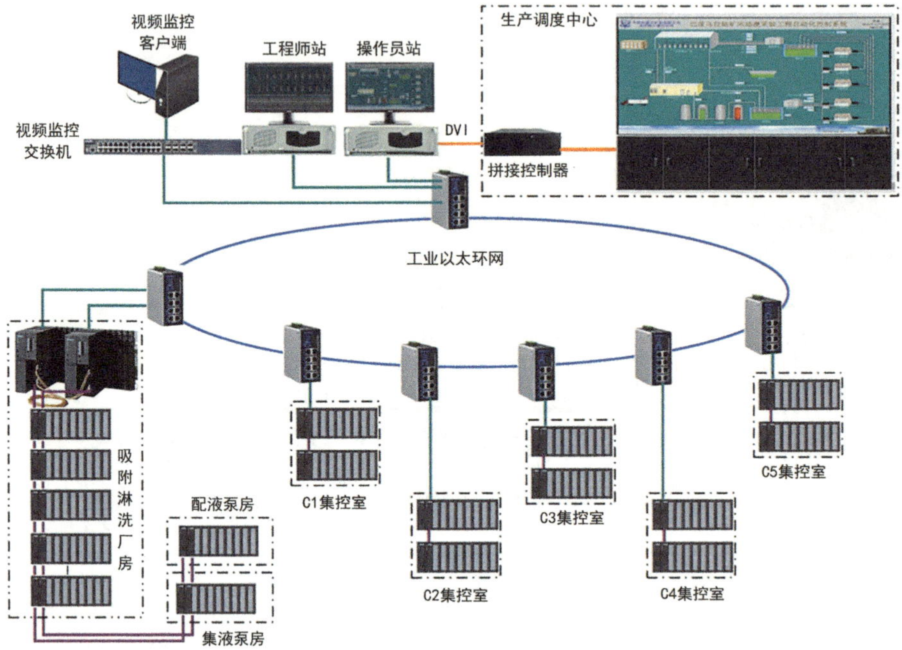

附图 3.2-2　生产调度系统结构

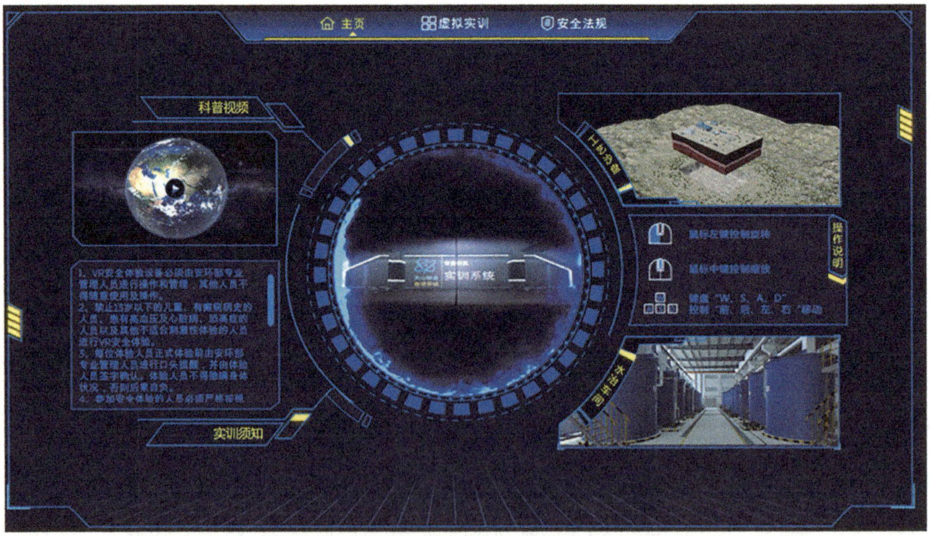

附图 3.2-3　模拟实训系统

2. 中国铀业管理信息化发展现状

中国铀业是中核集团天然铀产业板块的生产经营机构，主要从事国内外铀矿等资源的勘查开发工作，是我国铀矿勘查开发的国家队、主力军，作为我国天然铀产品的专营供应商，拥有地勘单位、平台化集团公司、铀矿山企业、科研院所和其他企业共29家三级成员单位，2019年营业收入突破百亿大关。中国铀业作为中核集团天然铀产业板块的经营中心和利润中心，肩负着为我国核工业发展提供铀资源保障的崇高使命。

中国铀业坚持贯彻集团公司信息化建设要求，在“十三五”期间取得了长足进展，为中国铀业推进集团式管理夯实了基础：一是商网覆盖面进一步扩大，目前中国铀业及29家三级成员单位均已接入商网，实现商网全覆盖，初步具备各类非密信息系统运行网络条件；二是应用系统的建设分集团公司统建，中国铀业及成员单位自建应用系统，主要建设了OA协同办公、桌面云终端、三维设计、数字图书馆、档案管理、军工遥感信息、核应急管理等系统，中国铀业搭建的覆盖下属成员单位的协同办公平台，架构如附图3.2-4所示。三是开发了数字铀矿勘查系统（QuantyU），包括铀矿勘查野外数据采集、测井资料处理、数据转换与加工、综合信息管理、地质图件计算机辅助编绘、多元地学信息综合分析、矿山三维地质建模与可视化、多方法储量估算及三维可视化、勘查项目综合管理和勘查区网络信息服务十个子系统，大幅提高了野外地质勘查工作效率和质量，如附图3.2-5所示。四是天然铀板块信息化水平评价“十三五”末整体水平达到B级，总体上处于集成提升阶段。

目前，中国铀业信息化、数字化仍然存在基础设施支撑能力不足、信息系统分散建设、大数据处理能力薄弱等问题，这些问题制约了信息化对企业高质量发展推动价值的进一步显现。

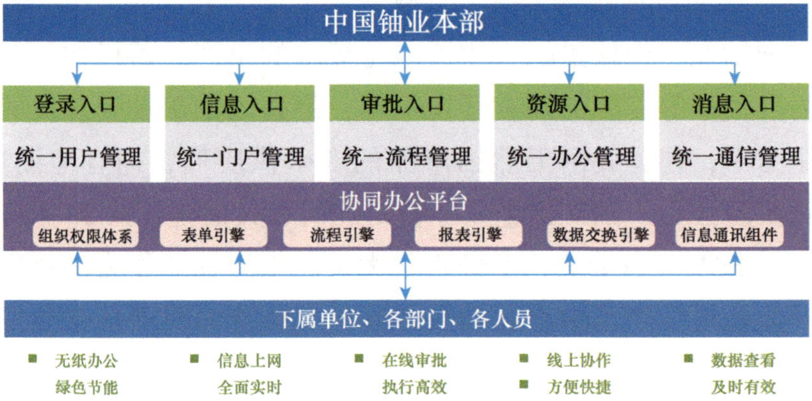

附图 3.2-4　中国铀业协同办公平台架构

附图 3.2-5　数字铀矿勘查系统

（三）国内先进企业对标研究

1. 大庆油田数字化建设研究

（1）企业概况

大庆油田有限责任公司（简称大庆油田），是中石油下属的全资子公司，是以石油、天然气的勘探、开发为主营业务的国家控股特大型企业，年产能达 4000 万 t，2019 年营业额达 1326.55 亿元，是中国第一、世界第十大油田。大庆油田在国内最早提出数字油田概念，旗下庆新油田完成了数字油田试点建设，并逐步开启智能油田技术研究工作。

（2）数字油田建设情况

1）管理信息系统建设成绩斐然

自 1999 年首次提出数字油田概念以来，大庆油田企业信息化建设成绩显著，共开展了油气生产物联网建设、ERP 系统运行维护和系统应用集成实施、移动办公平台建设与应用和大庆油田云计算数据中心建设等 10 项信息化重点工作。

2019 年 9 月，随着大庆油田智慧指挥中心（以下简称指挥中心）揭幕，全国管控最集中、规模最大、功能最强的企业指挥中心正式上线，如附图 3.2-6 所示。指挥中心占地 1200 m^2，采用 12k 高分辨率工业电视，组成 16 m×5 m 数据大屏。数据大屏由 51 个系统，600 多个子系统组成，涵盖生产动态、勘探开发、生产保障、调度运行、视频监控、应急管理、专业应用和万物共享 8 大功能。指挥中心实现了工控网、生产网和办公网的三融合，依托中国石油数据中心（昌平）、大庆华为云数据中心和大庆油田生产管控云中心的三级基础设施支撑体系，满足了投资成本可控、数据安全保密和计算稳定高效的不同需求。大庆油田智慧指挥中心上线后，一线生产调度指挥业务和人员全部上移，缩短管理链条，实现两级调度管控、指挥直达现场，代表了国内数字油田集中管控的领先水平。

2）数字油田试点效果突出

生产运营方面大庆油田全面突破数字油田技术瓶颈，并在庆新油田完成试点建设工作，在大幅度降低生产成本的同时，油田平均采收率从 30%提高到 50%以上。

附图 3.2-6　大庆油田智慧指挥中心

庆新油田作为大庆油田公司下属二级分公司，成立之初公司一把手就十分重视数字化建设工作，数字油田建设累积投入已超过 9000 万，企业数字化转型经历了“数字化建设”和“智能化提升”两个阶段：2011 年开发“卫星油田数字化系统”软件平台；2012 年初步完成基础设施建设；2016 年携手长安大学使数字化油气田建设走上快车道；2017 年完成了生产数据的挖掘应用；2019 年业务全部上移至大庆油田公司智慧指挥中心远程管控；2020 年达成油藏、采油、地面及生产管理的一体化智能联动，最终实现了油田的全面感知、预测预警和协同优化，初步开展智能技术研究。

为了实现生产现场的远程管控，庆新油田对井口抽油机和输油管线进行数字化改造，如附图 3.2-7 所示，通过光纤和定向无线天线组成的物联网络，完成了井、间的无人化自动作业，并初步实现站级的无人值守。

3）数字化油田建设能力出众

大庆油田的数字化建设主要采用中石油统建和油田公司自建两条主线相结合的方式完成，组建了由集团公司信息化服务人队、大庆油田信息化分公司和外协单位构成的数字油田建设团队。一方面，中石油成立了昆仑数智科技有限责任公司，作为中石油内部专

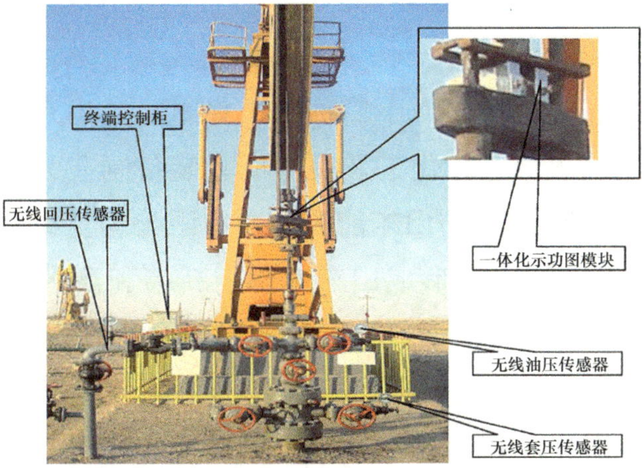

附图 3.2-7　抽油机状态监测仪表安装情况

业的信息技术服务公司，从集团公司层面统一建立了 OA、财务和 ERP 等信息化管理系统，并在各分公司派驻信息化运维团队，以满足各分公司个性化业务需求。另一方面，为了满足自身管理需求，油田公司也成立了主管信息化的分公司，承担信息系统个性化开发和运维服务工作。最后，通过与长安大学等外协单位形成长期稳定的合作关系，大庆油田弥补了传统能源企业信息技术开发、应用薄弱的短板。

（3）小结

综上所述，通过调研大庆油田数字化建设情况可以得出以下结论：

1）领导高度重视数字化建设；

2）数字化转型资金投入量大；

3）数字化基础设施建设完备；

4）数字油田试点建设效果显著；

5）整体仍处于数字化建设阶段；

6）集团公司与外协单位在数字化建设中发挥重要作用。

2. 兖矿集团信息化建设研究

（1）企业概况

兖矿集团有限公司（以下简称兖矿集团）是山东省属国有重点煤炭企业，是以煤炭、煤化工及机电成套装备制造为主导产业的国有特大型企业，2020 年与山东能源集团有限公司重组合并。兖矿集团经过近 60 年的发展已形成山东本部、新疆和澳大利亚等“六大基地”发展格局，2019 年营业收入突破 2800 亿元，利润总额 125 亿元，跃居全国煤炭行业第 3 位。为了高效管理分布在全球的矿山基地，兖矿集团在信息化管理上积极投入，引入国际知名管理咨询公司，推进企业数字化转型升级，成为煤矿行业数字化建设的后起之秀。

（2）兖矿集团数字化转型发展现状

1）顶层设计思路清晰

兖矿集团高度重视数字化转型工作，在新的数字经济发展形势下，提出“建设全球一流的绿色能源供应商和国际化矿业集团”的战略目标，确定了数字化建设的总体思路：启动“三化”（自动化、信息化、智能化）建设三年攻坚行动，加快实施大数据工程总体规划及 ERP 全覆盖项目，打造一批样板工程，建成数字兖矿、共享兖矿、智慧兖矿；深入实施“互联网+”战略，加快自动化、信息化、智能化建设，构建集中统一的智慧运营管控、数据增值服务、人工智能创新平台，建成一批智能矿山、智能化工园区和智能制造工厂。

在数字化转型发展规划方面，兖矿集团提出了三步走的战略。第一阶段重点放在数字兖矿建设上：搭建集团级大数据平台，着重决策、管控（人、财、IT）和业务层（供应、市场化等）系统；二三级公司重点落地三化相关体系和部分创新内容。第二阶段的重点完成智能兖矿建设，基于集团级平台构建各类智能组件：集团管控

（战略、绩效、HSE、审计等）、营销协同（协同计划、智慧营销等）、生态拓展建设；二三级公司智能化应用逐步拓展，推动流程优化和模式重塑。第三阶段是智慧兖矿建设，着手智慧化（预测和自决策）落地，通过管理、运营、人员、设备等数据的深度挖掘，实现全供应链、全生产线、全生命周期科学管控，达到自主感知、自主决策。

2）信息系统和数字化基础设施建设完善

兖矿集团信息化建设整体水平处于煤炭行业前列。公司建立OA、财务和人力资源等管控系统多达60余套，各专业化公司在安全生产自动化、信息化方面持续完善。其中，2015年在大数据工程ERP全覆盖基础上，兖矿集团共享中心正式启动，构建了财务共享、资金管理和税务管理等十大资源共享平台，加强了生产素材在集团层面的统一调配。

在基础设施层面，兖矿集团在网络通讯和数据中心建设上取得较大成就。建成行业首家洲际信息通信网络：形成覆盖山东本部基地、陕西、内蒙古、新疆、贵州及国外亚太、北美、拉美、中东非洲的大型跨国集团级基础网络架构；本部统一互联网出口，出口带宽达到17 GB；通过虚拟加密网络、软件定义广域网和专线等方式与300多家分支机构实现互联互通。打造高性能企业数据中心：2013年建成国内煤炭行业第一家云计算中心，承载集团公司上百套业务系统。

3）依托高新技术企业打造数字化转型能力

兖矿集团的信息化建设主要依靠与国内外知名IT技术公司和信息化咨询企业合作。2018年兖矿集团与SAP、IBM、阿里巴巴和华为等世界知名企业合作，全面深入开展大数据工程建设，实施大数据总体规划及ERP系统全覆盖。兖矿集团ERP系统以SAP套装软件为基础，组织关键用户和项目合作方300余人集中实施。另一方面，兖矿集团采用阿里钉钉平台，搭建兖矿集团移动总部，实现视频会议、语音会议和会议管理等业务功能，打造组织在线、沟通在线、协同在线、业务在线、生态在线的实时兖矿模式。

（3）小结

综上所述，分析兖矿集团信息化建设模式，可以得到以下结论：

1）集团领导高度重视；

2）资金持续投入大；

3）数字化基础设施建设完善；

4）数字化建设在国内煤炭行业处于领先地位；

5）高度依赖国内外顶级高技术公司。

（四）差距与短板

1. 智能铀矿山建设差距

对标大庆油田和兖矿集团，中国铀业在智能铀矿山建设上存在以下差距：

（1）顶层设计有待深化

2021年中国铀业开展了信息化顶层设计研究，确立了“数字中铀”发展蓝图，发布了“十四五”信息化数字化规划，组建中国铀业信息中心，引领成员单位数字化转型升级，但是企业整体数字化文化氛围有待加强，各成员单位对数字化转型重要性的认识程度参差不齐。另一方面，相比中石油和兖矿集团运行多年的智能化研究中心，中国铀业信息中心刚刚成立，作为天然铀行业信息化建设的中心机构和“数字中铀”发展战略统一平台的效用尚未充分体现。

（2）数字化基础设施建设不完善

信息化基础设施能力还不能满足信息化快速发展需求，网络和信息安全防控仍存在薄弱环节。中核集团数据中心现已开工建设，还未运营，中国铀业云平台、大数据平台等共性基础平台未建立，各组织单元分别建设、缺乏统筹和资源共享利用，铀矿山全生命周期中的科研、设计、建造和运营环节彼此分隔，无法支撑中国铀业信息化发展。同时，核工业与其他行业相比更加注重安全和保密，网络环境的复杂性在一定程度上不利于信息流转，阻碍了先进信息技术与天然铀产业的深度融合，对中国铀业的信息化建设提出了新的挑战。

（3）亟需建立共创共赢“先进信息技术+天然铀”产业生态圈

纵观大庆油田和兖矿集团的数字化转型历程，都离不开长期稳定的合作伙伴。大庆油田依靠长安大学智能油气田研究院摸索完成了庆新油田的数字化建设；兖矿集团引入 SAP、IBM 和华为等国内外知名高新技术企业为其完成了覆盖集团公司全部成员单位的 ERP 系统。中国铀业虽然已经与武汉坤迪和中核核信等集团内外部 IT 技术企业共同开展了数字勘查软件和北斗示范应用等项目，但是相关合作还停留在单一项目联合建设层面，亟需在巩固已有技术成果的基础上，通过管理创新，建立“先进信息技术+天然铀”产业生态圈，引入外部 IT 专业化高新技术企业，充分激活集团内部技术资源，形成内外部协同发展双循环的产业模式，打造长期合作、共创共赢的智能铀矿山生态圈。

2. 发展分析

中国铀业作为我国天然铀生产的领军企业，一直以来高度重视先进信息技术与铀矿采冶融合发展，经过“十三五”数字铀矿山建设历程，在先进信息技术与铀矿采冶融合发展方面取得长足进展，特别是地浸采铀生产自动化和数字化科研方面，依托旗下中核矿业科技和核地研院，已经走在全国前列，并积累了大量铀矿数据资源和技术力量，为后期大数据、人工智能等高新技术研究打下了坚实基础。

（1）优势

依托“十三五”数字铀矿山建设进展，中国铀业在先进信息技术与铀矿采冶融合发展上有以下条件：

1）初步完成数字铀矿山顶层设计

“十三五”期间中国铀业重点开展了数字铀矿山技术研究，梳理了天然铀开发全生命周期应用场景，构建涵盖数字勘查、研发设计、智能运营和退役治理的数字铀矿山总体架构，细化数字铀矿勘查、采冶系统业务需求，规划了在铀矿山全生命周期业务集成、数据集成和管控集成基础上的数字铀矿山蓝图，如附图 3.2-8 所示。

附图 3.2-8　数字铀矿山蓝图

在铀矿山生产数字化方面，中国铀业以国际通用信息化 ISA95 架构为基础，从铀矿采冶仪器装备智能化、生产过程控制自动化、生产执行可视化、经营管理信息化和企业决策科学化建设的角度，将数字化采冶架构自下而上分为设备控制层、过程控制层、生产执行层、经营管理层和决策支持层，建立数字化地浸铀矿山系统架构如附图 3.2-9 所示。

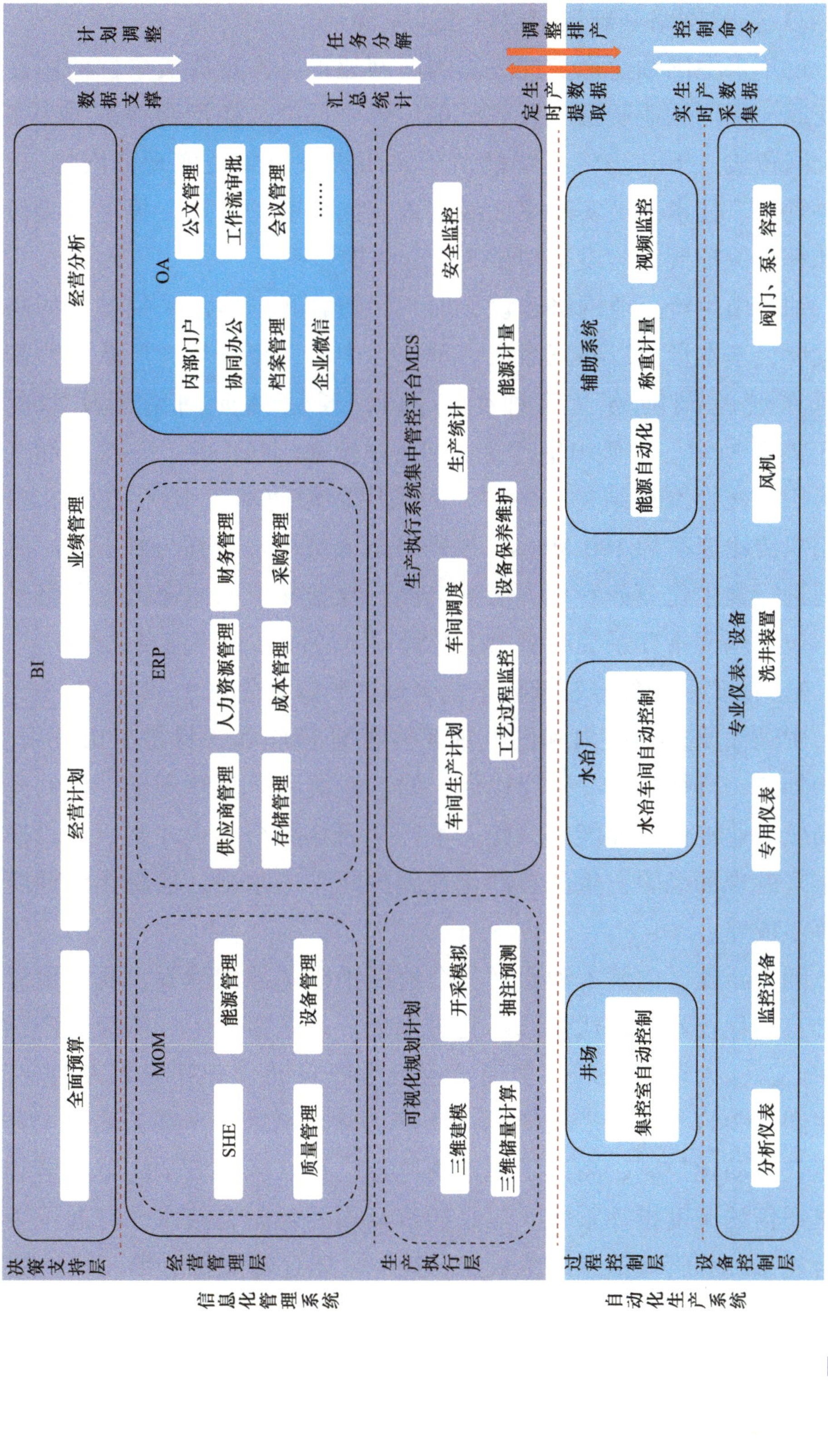

附图3.2-9 数字地浸铀矿山系统架构

2）信息网络基础设施建设逐步完善

近年来中国铀业稳步推进集团商网建设，实现成员单位商网互联互通，中国铀业所属三级成员单位已全部纳入商网覆盖范围，实现全网覆盖，下一步将继续推动所属四级成员单位实现商网接入，主要管理、技术人员实现桌面级接入。网络防护方面，根据分级保护和等级保护要求建设了初步的安全防护体系。

铀矿山生产企业网络建设方面，伴随着我国地浸采铀技术的高速发展，基本形成以各三级成员单位为中心，覆盖生产厂队的非密信息系统基础网络（简称生产网），通辽铀业网络图谱如附图 3. 2-10 所示。铀矿山生产企业网络系统采用核心层、汇聚层和接入层三级交换网络结构，各层之间采用传输速率为 1000 Mbps，单一用户传输速率为 100 Mbps，该网络是成员单位总部与各下属厂队之间进行集中化业务管理、信息交换、数据共享的非密信息网络平台，包含调度指挥系统和矿山生产管理、协同办公等信息系统。

3）铀矿采冶部分领域数字化建设达到国际先进水平

中国铀业整合国内和国外铀矿开发管理职能，具备矿山开采、选冶加工、科技开发、工程设计、施工建设和运营管理于一体的先进高效产业链体系和能力，建立了产学研相结合的人才队伍，积攒了丰富的现场经验，生产自动化达到国际先进水平，信息化管理能力逐步成熟。

随着新疆、内蒙古和通辽三个地浸铀矿基地的建设，我国地浸采铀自动化技术已经达到国际先进水平。一是建立了厂队级生产调度中心，一人调控全厂，实现了水冶生产自动化和井场无人值守，如附图 3. 2-11 所示。二是部署了生产、管理网络主干线，建成了集成生产自动化控制、高清工业电视监控、重点区域安全防范报警和网络通信的调度指挥系统。三是初步运用两化融合技术，打通了生产自控系统和管理信息系统数据。其中，通辽铀业作为第三代地浸

附图 3.2-11 地浸铀矿山调度指挥中心

采铀技术的代表，开创了注液泵 10 kV 高压变频控制、差压自动控制过滤器等一系列新技术，填补了我国地浸采铀自动化控制多项技术空白。

4）先进信息技术融合发展氛围浓厚

面对新冠疫情的冲击，中国铀业对数字化转型的意愿越发强烈。在管理意识上，企业领导逐步形成问题导向、数据先行的数字化管理思维；在地浸铀矿山建设中，自动化控制系统与集中调度中心已经成为标准配套设施；在信息系统使用上，除了集团商网统建的财务、人力等管理信息系统外，也积极自筹资金结合自身业务特点推进信息技术与铀矿采冶产业的融合发展。仅 2019 年就有多家成员单位新建 OA 协同办公和视频会议系统，在 2020 年抗击新冠疫情、保障企业生产的战斗中发挥了不可磨灭的重要作用。另一方面，中国铀业积极推动数字化科研项目立项工作，保障公司在铀矿采冶数字化领域科技领军企业的地位。通过协助成员单位扩展科研项目渠道，中国铀业建立了由国家自然科学基金、国家部委、集团集中科研、铀业自主研发和成员单位专项基金组成的多级科研体系，重点开展数字化、智能化技术研究，目前已突破多项数字铀矿山技术瓶颈。

（2）问题

对标大庆油田和兖矿集团，中国铀业智能铀矿山建设短板主要由于以下原因造成：

1）缺乏专项经费持续支持

智能铀矿山建设是一项复杂的系统工程，专用软件、智能装备的研制以及与高新技术企业长期合作都需要持续资金支撑。天然铀是国家战略资源，中国铀业肩负着强核基石、核电粮仓的重任，无论营业收入还是利润都无法与石油、煤炭等企业相比，企业效益的巨大差距使中国铀业无法支撑在信息化建设和数字化转型上逐年的巨额投入。另一方面，相较中石油等大型央企集团在顶层设计和基础设施建设等方面对成员单位的有效支持，中核集团开展数字化建设的投资强度有待加强，天然铀开发企业生产成本压力较大，无法自筹足够的经费开展先进信息技术研究。综上所述，经费投入的不足制约了我国铀矿勘查、采冶领域数字化水平提升。

2）复合型人才储备不足

人才是信息化时代最为关键的因素，对信息人才培养和获取，日益成为企业竞争力争夺的制高点，因此国内外各大企业不惜花巨资来培养高水平的信息专业队伍。铀矿山智能化发展既需要懂技术的专业型人才，也需要懂经营和矿山建设的复合型人才。近年来中核集团成立数字经济和技术研究的专业机构，引入大量信息化人才，但人才增长速度跟不上信息化发展需求的增长、尤其是高端、复合型人才严重匮乏。另一方面，中国铀业及下属成员单位受产能和经济体量限制，无法成立独立信息化研究、运维子公司，也无法负担一支高级 IT 人员队伍。

3）数据标准不统一且数据价值未被充分发掘

数据标准不统一，难以支撑中国铀业对数据及时性和准确性的管控要求，无法有效支撑未来信息系统的集成、数据共享、决策支持及管控能力提升；数据资产分散存放，分散管理，缺少管理体系、系统工具支撑，导致共享利用率低，难以实现数据集成共享价值挖掘和有效利用。铀矿勘查开发工作积累了大量原始数据和成果资料，前期资料数字化和数据结构化水平不够，数据治理水平不足，大数据处理分析与挖掘技术能力薄弱，未能最大利用数据的潜在价值。

（3）机遇

面对日新月异的信息技术，在国家和集团的引导扶持下，中国铀业智能矿山建设迎来了发展千载难逢的机遇。

1）数字化技术迅猛发展

世界上许多国家都已经认识到了高新技术所蕴含的重要战略意义，各个工业强国均出台了自己的智能制造战略发展规划，如德国的工业 4.0 和美国的工业互联网等。国外 IT 巨头企业把智能制造作为提升产业竞争力和推动商业模式创新方面的巨大引擎。如 IBM 联合矿产、能源和制造等实体产业，提出了针对性的智能制造解决方案；微软和谷歌等信息类跨国公司纷纷转型为大数据、人工智能等高新技术咨询和研究公司，为其他自身企业或外部公司提供技术支撑服务。面对全球先进信息技术发展的环境与趋势，作为天然铀行业领军企业的中国铀业，需要及时掌握国际先进技术的发展和应用趋势，关注各行业头部企业的数字化发展理念与发展方向，为先进信息技术与铀矿采冶融合发展带来了新的机遇。

2）国家积极实施两化融合发展战略

我国一向重视引领制造业领域科技发展，习近平总书记在党的全国网络安全和信息化工作会议等多个场合反复强调要推动互联网、大数据、人工智能和实体经济深度融合，既从侧面凸显了信息化在培育新动能促进新发展中的重要作用，也彰显了党中央贯彻新发展理念、建设现代化经济体系的坚定决心。国家《“十三五”信息化规划》中提出：推进信息化和工业化深度融合，深化制造业与互联网融合发展，加快构建自动控制与感知技术、工业软硬件、工业云与智能服务平台、工业互联网等制造业新基础，建立完善智能制造标准体系，增强制造业自动化、数字化、智能化基础技术和产业支撑能力。2020 年 4 月国家发改委明确“新基建”范围，提出“以新发展理念为引领、以技术创新为驱动、以信息网络为基础，面向高质量发展的需要，打造产业的升级、融合、创新的基础设施体系”的目标，目前全国各省已经发布的“新基建”项目计划已超过 40 万亿元。

3）中核集团高度重视先进信息产业布局

中核集团为贯彻落实党的十九大精神和习近平总书记的对核工业系列重要指示批示精神，主动把握新一代人工智能发展重大战略机遇，在建设“数字核工业”的基础上，深刻认识到“数字技术革命为核工业加快转型升级提供了新动能”，明确提出要“加强人工智能与核科技产业融合发展”，确立了“到 2030 年要初步建成智慧核工业”的战略目标，制定了智慧核电、智能制造、ERP 深化应用和集团数据中心建设四项重点任务齐头并进的行动措施。当前中核集团正按照国家创新体系建设战略部署，围绕核心产业和研发布局，总体推进国家级、省部级和集团级研发平台分层次协调发展。中核集团通过内部重组、外部引进的方式，加快推进数字核工业发展。一方面，中核集团信息中心、战略规划研究总院和核能软件与数字化反应堆工程技术研究中心等高新技术单位和信息化研发平台相继成立；另一方面，中核集团控股同方，携手华为、阿里等互联网企业巨头，打造独具特色的核工业智库。

（4）挑战

在经济全球化时代，企业之间的竞争也日益激烈，对于铀矿采冶产业的发展来说，先进信息技术既是一个新机遇、新动力，也是一种新挑战。一方面，国内企业通过数字转型发展提升企业核心竞争力；另一方面，信息技术更新换代迅速，对中国铀业的适应能力提出了挑战。近10年来，以移动互联网、物联网、云计算、大数据等为特征的第三代信息技术架构蓬勃发展，呈现出网络互联的移动化和泛在化、信息处理的集中化和大数据化、信息服务的智能化和个性化的特点。新一代信息技术发展的热点不是信息领域各个分支技术的纵向升级，而是信息技术横向渗透融合到制造、金融等其他行业。铀矿山资源开发过程中，如何利用先进信息技术有效挖掘数据价值已成为中国铀业数字化转型的重要方向。

三、融合发展思路和目标

（一）总体思路

坚持以习近平新时代中国特色社会主义思想为指导，全面贯彻落实党的十九大精神，以习近平总书记关于核工业发展的一系列指示精神为根本指针，以集团公司“十三五”“数字核工业”战略规划为基础，结合“十四五”发展规划，以建设“智慧核工业”为导向，围绕中国铀业未来发展方向和重点任务，突出融合应用和前瞻部署，以智能铀矿山为抓手，推动大数据、物联网和人工智能等先进信息技术与天然铀产业的深度融合，践行新发展理念，坚持统筹规划、协同推进，夯实基础、安全可控，需求导向、重点突破，结合中国铀业及成员单位现有基础和发展需求，加强智能铀矿山顶层设计，打造关键技术体系、应用产品族群和产业发展生态，支撑中国铀业安全、高效、绿色发展。

（二）基本原则

统一部署，分步实施。把握数字化技术发展趋势，立足中国铀业发展需求，突出融合应用和前沿部署，根据铀矿采冶领域技术发展和产业应用的不同特点，制定针对性发展策略，做好分阶段实施、分步骤推进。

夯实基础，开放协同。加强天然铀数字化应用基础建设，建立开放协同、创新驱动的推进机制，加强与高校、科研院所和高新技术企业的战略协作，打造天然铀采冶产业链协同创新平台体系和合作共赢的产业生态圈，推动中国铀业集团式管理信息化和天然铀开发企业生产数字化有效闭环、开放共享。

需求牵引，问题导向。以业务实际需求为牵引，以重点场景应用痛点为导向，推动整体科技创新水平和关键领域应用突破，提升核心业务数字化水平，持续推动科技能力提升。

安全可靠，自主可控。以安全可靠为基本目标，对数字化技术融合应用的实际成效和安全风险全面分析、科学评估，通过自主研发，同步规划、设计和建设数字化应用的安全保障体系，突破一系列“卡脖子”技术，为智能铀矿山高质量发展保驾护航。

（三）发展目标

1. 总目标

以数字勘查和数字采冶为抓手，推进北斗导航卫星系统、5G 技术、物联网、大数据和人工智能等先进信息技术与铀矿勘查、采冶深度融合，建设中国铀业智能矿山；建立天然铀产业链数字化体系，实现铀资源勘查的大数据精准找矿、天然铀智能开采和铀矿冶设施退役智能化监管；搭建智能铀矿山综合管控平台，实现中国铀业信息化集团式企业管理；达到铀资源开采环境数字化、技术装备智能化、生产过程自动化、信息传输网络化、管理可视化、决策科学化；支撑中国铀业打造成以铀为本、国际一流的科技型矿业公司。

2. 阶段目标

“十四五”期间：初步完成智能铀矿山管控技术开发，构建智能铀矿山技术体系，实现铀矿山资源储量数字化动态管理，搭建中国天然铀云平台（以下简称中铀云平台），为建设通辽铀业千吨级智能铀矿山建设提供技术支撑，建成棉花坑数字化硬岩铀矿山示范工程，显著提升劳动生产率和资源回收率，实现经济、环保和安全效益最大化。

长期目标：持续推进物联网、大数据和人工智能等先进信息技术与天然铀开发产业的深度融合，建成数字化铀矿山探采一体综合管控平台，实现地质勘查、设计建设、开发运营和退役治理全寿期的上下游一体化，打造中国铀业智能矿山，实现中国铀业资源管理数字化、生产控制智能化、企业经营信息化。

四、融合发展总体设计

（一）设计方案

1. 夯实智能铀矿山数据中心基础设施

先进信息技术的发展离不开大数据中心、云平台等“新基建”基础设施的支撑，中国铀业肩负行业数字化基础设施建设的重任，急需建立满足自身需求的数据共享中心，为成员单位提供基础设施支撑服务。中国铀业依托集团数据中心部署中铀云平台，搭建天然铀大数据池，在集团数据中心建成运行前，可利用成员单位已有 IT 资源搭建板块级别分数据中心，为构建中铀云平台提供基础支持。中核矿业科技在数字化建设中取得了较大成果，基础物质条件和管理建设经验上都有丰富的经验，中国铀业可以依托中核矿业科技实现中铀云平台的基础设施建设，组建云平台管理中心，应用先进虚拟化云计算技术，整合信息安全、系统集成、IT 运维服务能力，组建服务团队，形成中国铀业云服务中心，面向中国铀业及成员单位提供云服务解决方案及各类信息化专项服务。

中国铀业云服务中心以中核矿业科技为支撑，秉承“节能、高效、绿色、环保”理念，采用微模块架构，提供独立网络双外线路由，单机柜功率4～10 kW，电力可用性达99.99%，具备可靠的安全运行保障能力，达到国际TierⅢ+等级和中国A级标准，机房设计如附图3.4-1所示。

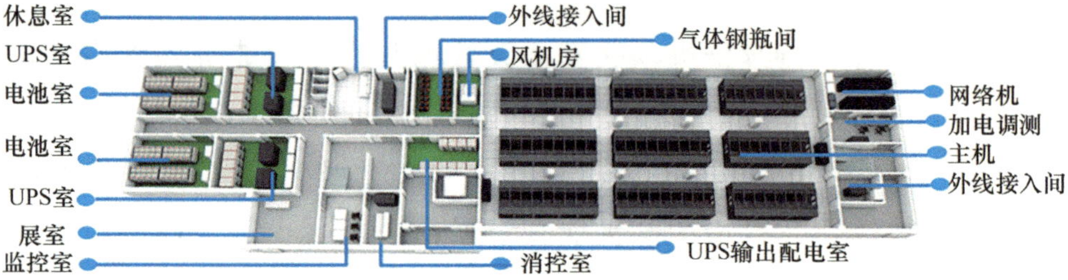

附图3.4-1　机房设计

中国铀业云服务中心应用先进云计算技术，以满足中国铀业及成员单位信息化需求为宗旨，构建拥有安全合规、稳定可靠为核心特点的中铀云平台，为客户信息化提供一站式的IaaS、PaaS、SaaS云计算服务，数据中心技术架构如附图3.4-2所示。

2. 加强天然铀采冶数据湖技术研究

随着先进信息技术的推进，数据成为企业生产的新要素，传统的数据仓库已经无法满足企业对数据存储、治理的需要，为了进一步满足企业对大数据、人工智能等技术的研究，数据湖的概念应运而生。数据湖是一个存储企业的各种各样原始数据的大型仓库，其中的数据可供存取、处理、分析及传输。数据湖从企业的多个数据源获取形式和结构不同的原始数据，实现数据的集中式管理。

中国铀业依据砂岩型铀矿数字化数据标准，根据地浸采铀业务实际，完成数据湖架构设计，建设地浸铀矿数据湖：整合地浸井场所有业务数据信息，设计数据库架构体系，依托中铀云平台和分数据中心，构建地浸采铀数据湖；系统分析研究组织管理、地质勘查、设计建设和生产运行数据特点，明确静态数据、动态数据构成

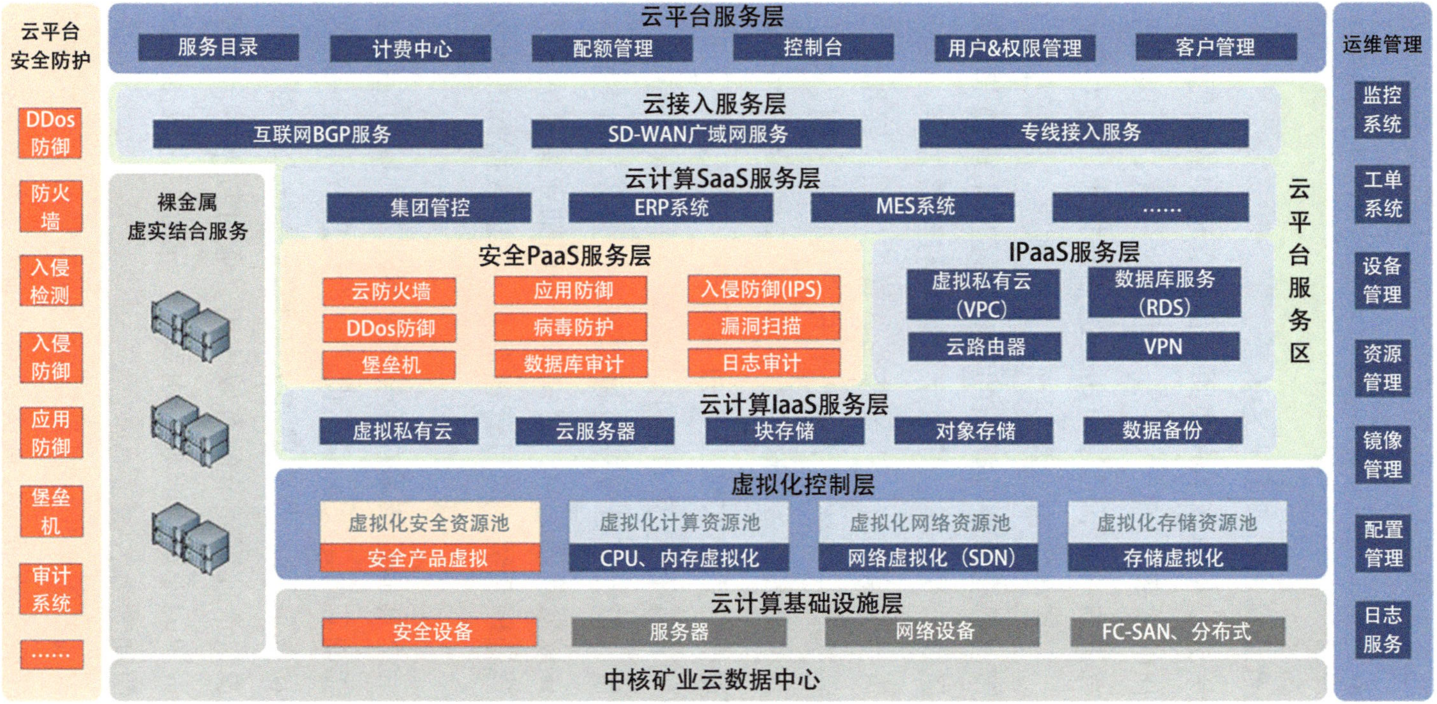

附图3.4-2　数据中心技术架构

及其特征，通过文档导入、设备采集和数据链接实现多源异构数据入湖；采用数据湖管理和数据质量管控的方式，开展数据应用技术研究。

3. 打造智能铀矿山技术生态体系

（1）提升先进信息技术在集团化企业管理中的应用水平

管理工作的效率，直接关系着企业未来发展，中国铀业在发展意识和创新意识的指引下通过应用先进信息技术，助力企业向高质量方向发展。一是在决策支持层面，基于数据，依托信息化平台，通过分析决策、智能预警等模型的建立，逐步实现经营、人力、财务、采购、风险、安全环保等数字化运营与预警监控，实现基于数据的经营分析与决策支持；二是在经营管控层面，实现经营管控体系从“计划—执行—考核”的闭环管理，实现人、财、项、供应链协同、安全环保等管理条线的纵向贯通与纵向管控；三是在职能管理层面，通过信息系统实现业务过程管理、数据管理及业务协同，如人力资源的员工信息管理、工资核算、干部人才管理，科研项目、工程项目、投资项目等项目过程管理，业务与财务的一体化协同等；四是在数据管理层面，建设适合中国铀业需要的人力资源管理系统、经营管理系统、项目管理系统，实现数据标准落地与指标自动统计。

（2）深化智能制造技术在天然铀资源开采领域的应用创新

推进智能铀矿山建设发展，促进先进信息技术与天然铀产业协同发展，推动物联网、大数据和人工智能等技术在铀矿山研发设计、采冶和退役治理等环节的有效应用。通过数据平台的建立，提升产业数据资源的采集获取和利用效率，充分发掘数据资源背后的产业应用价值和潜力。

围绕北方地浸铀矿山大基地建设，通过整合、分析井场、水冶厂和企业经营管理数据，打造天然铀产业发展数字生态圈，促进创新链和产业链深度融合。鼓励成员单位申报信息技术项目，开展大数据采冶分析研究；引领成员单位开展物联网技术创新，提升生产数据采集效率；提倡成员单位与科研院所和高新技术企业开展战略合作，形成数据驱动型的铀矿山科技创新模式。

（二）实施路径

1. 优先建设一体化基础支撑体系

通过加强顶层设计和统筹协调，以基础为支撑、以开放促整合、以应用促发展，进一步推进商网覆盖率和地浸铀矿山物联网建设，充分利用集团公司信息化基础设施的同时兼顾自身数据共享分中心建设，大力推动天然铀数据资源的有效汇聚、深度融合、开放共享和开发应用。基于物联网系统整合各个成员单位的组织机构、部门数据和公共设施资源，建立智能、互联环境，统一追踪、管理天然铀公共信息资源，实现跨部门无缝业务整合和实时业务协作，提升企业信息化管理能力，提升企业运行效率和服务水平。加强安全管理体系和运营保障体系建设，确保铀矿采冶信息系统的健康、有序发展。

2. 示范引领智能铀矿山科技创新和应用体系建设

按照坚持突出重点、示范带动原则，率先选择数字化基础较好的北方地浸砂岩矿山进行智能铀矿山应用示范，引导和带动天然铀行业应用发展。围绕绿色和谐、生态文明等重大战略，在建设规划、生产运营、环境保护和安全生产等领域，推动中国铀业和成员单位的数据汇聚整合、关联分析，提升科学决策水平和风险防范能力。借助先进信息技术，加强中国铀业及成员单位事中、事后监管和服务，提高监管和服务的针对性和有效性，推动企业管理方式创新。通过政策、资金扶持，培育铀矿采冶大基地+大数据产业基地融合发展，搭建层次清晰、覆盖全面、内容准确的知识资源库，为铀矿生产企业的生产建设提供精准、高水平的知识服务。

3. 加快培育先进信息技术生态圈

推进智能制造在铀矿山应用场景的落地，促进物联网、大数据和人工智能等高新技术与天然铀采冶行业协同发展，推动先进信息技术在企业研发设计、生产制造、经营管理、市场营销和矿山退役等环节的有效应用。探索建立天然铀工业数据开放共享与安全保护机制，鼓励建设重点矿山和全国性大数据服务平台，提升产业数据资源的采集获取和利用效率，充分发掘数据资源背后的产业应用价值和潜力。依靠科研项目，实施先进信息技术创新计划，推动高新技术与科研创新、技术发展、铀矿企业和市场需求有机结合，形成数据驱动型的创新模式，促进创新链和产业链深度融合。

五、融合发展建设内容

（一）中国铀业企业管理架构设计

中国铀业企业管理架构设计中充分考虑物联网、大数据、云计算、5G 和人工智能等高新技术对天然铀采冶管理的赋能效应，设计以中铀云平台和分数据中心为核心，铀矿生产企业为边缘，生产车间为终端的一体化“云—边—端”三级天然铀生产管理体系，如附图 3. 5-1 所示。在水冶厂等环境利用企业生产内网，通过 OPC 等通信方式，实现生产设备数据实时采集；在井场等空旷地区利用 5G、北斗和窄带等通信方式实现数据的远距离传输；利用边缘物联网引擎完成办公管理网与生产内网的安全摆渡，实现对生产车间的远程控制；通过分级管控，利用无线通信、商网和运营商光纤的方式实现企业数据上云，为中国铀业开展云上生产管控提供基础数据。

（二）智能铀矿山架构设计

逐步完善中国铀业智能地浸铀矿山“12345”内涵，包括一个目标、两条主线、三个体系、四大应用场景和五个核心能力。一个目标是实现天然铀开发全生命周期的智慧运营，达到劳动生产率高、

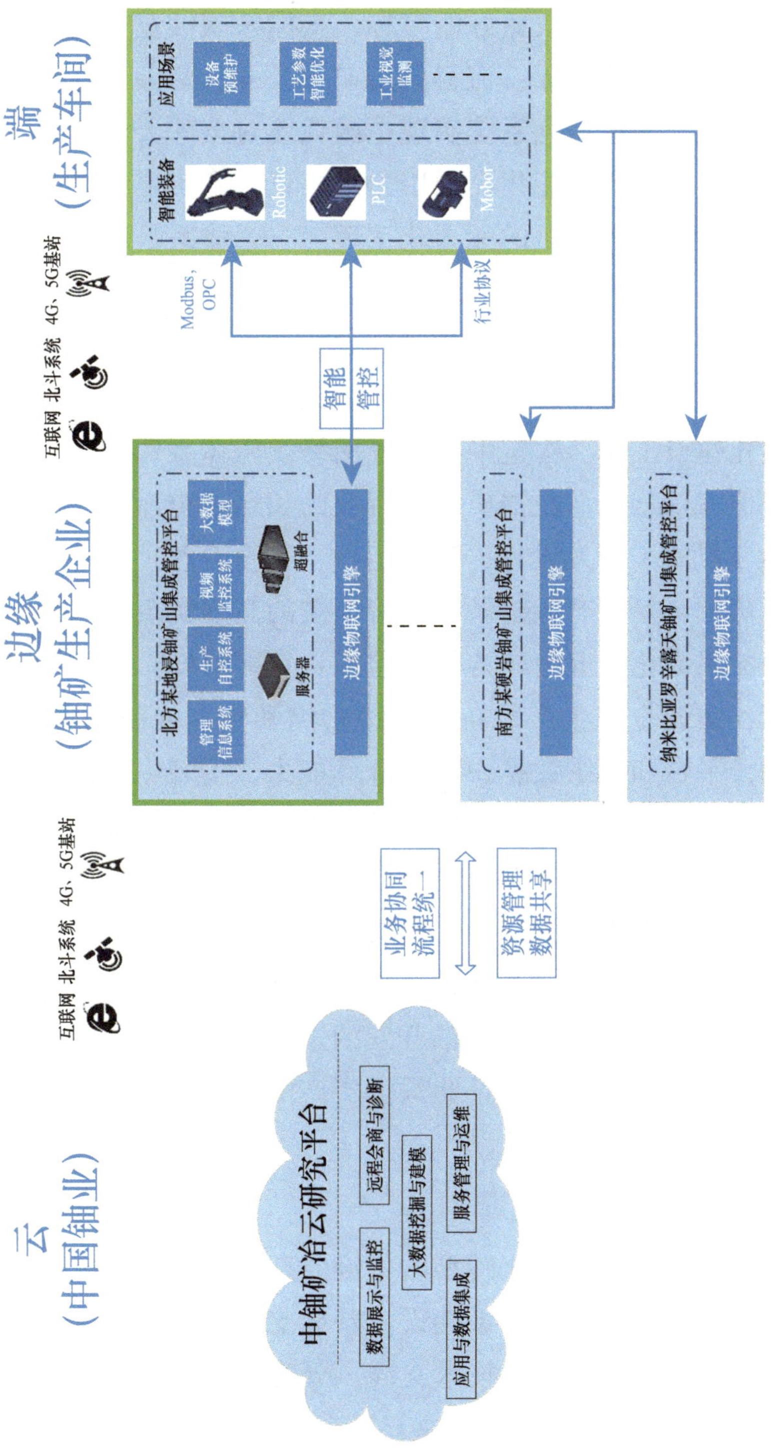

附图3.5-1 天然铀生产管理体系

安全环保水平高、经济效益好的目标，支撑中国铀业打造具有核心竞争力、以铀为主的国际一流科技型矿业公司。两条主线包括：企业管理集团化，通过信息系统实现中国铀业对全球天然铀开发的实时管理；铀矿山生产智能化，利用先进信息技术实现铀矿生产企业打造成采冶过程远程遥控的无人化工厂。三个体系是以基础支撑体系为核心，在集团大数据中心的基础上，建立中铀云平台、边缘数据中心和泛在物联网络等数字化基础设施；以标准规范体系和安全保障体系为两翼支持，建立智能铀矿山天然铀企业标准，规范成员单位数字化建设工作，构建中国铀业网络安全体系和数字化专业运维团队，保障信息技术在铀矿采冶行业的长期稳定运行。四大应用场景（数字勘查、研发设计、智慧运营、退役治理）是通过信息集成打通天然铀开发全产业链条，在价值链的高度实现铀矿山全生命周期的效益最大化。五个核心能力包括：全面感知，构建铀矿山泛在物联网，实现全部生产装备的在线监测和精准控制；实时分析，利用中铀云平台和边缘数据中心的计算能力，实现生产数据的实时分析，并对工艺参数和监控对象进行预测预警；集成协同，纵向集成各级企业管理数据，横向打通天然铀开发产业链上下游企业数据，实现天然铀全生命周期的数据共享；可视管控，建立“企业管理一张图”模式，实现企业运营信息的可视化、透明化，建立企业智慧调度指挥中心，实现天然铀开发的远程管控；优化提升，利用大数据分析技术，深入挖掘企业数据资产潜能，对经营管理和生产工艺过程提出优化提升方案。

（三）基础支撑体系建设

中国铀业正处于数字化转型的关键时期，应充分发挥新基建的大好形势，加大基础支撑体系建设。基础支撑体系是智能铀矿山架构的基础，为整个平台提供技术支撑，分为网络层、数据层（天然铀大数据中心）和平台层（中铀云平台），如附图 3.5-2 所示。网络层将建成中国铀业天然铀开发领域数据交换的基础网络中心，包括集团商网和外网等基础网络设施以及通过网络融合形成商网和互联网的数据交互；数据层在集团数据中心基础上建立中国铀业天然铀数据中心，构建云数据湖和边缘数据库，最大限度汇总天然铀领域数据，挖掘行业价值和创新点，主要包括生产数据、资源空间数据、安全环保数据和管理数据等。平台层以中铀云平台为基础，作为天然铀开发的服务中心，为成员单位提供云计算、公共信息管理和大数据分析处理等服务，提升应用技术水平和协同能力。

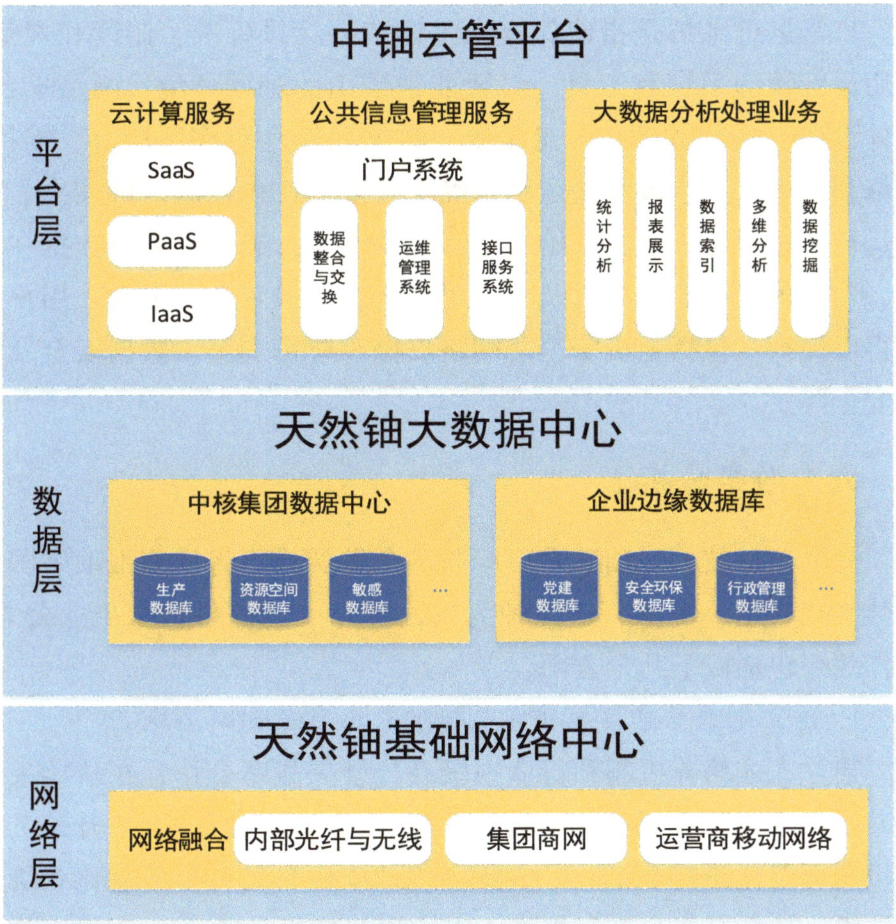

附图 3.5-2 智能铀矿山基础支撑体系

（四）标准体系建设

标准体系将确保智能铀矿山建设各项内容有章可循，有据可依。根据物联网、大数据和人工智能等技术及其在铀矿采冶中的应用，完善智能铀矿山标准体系，补充修订标准体系清单，建立健全标准一致性检测、符合性检测体系，形成智能市场准入、认证体系。

（五）安全保障体系建设

安全保障体系建设包括日常运行维护和网络数据安全两个方面。日常运行维护是指确保运维主体依据运维标准、制度和规范，利用运维管理平台和工具，对智能铀矿山的基础环境、网络平台、硬件设备、基础软件、信息系统、数据和安全等实施运行、维护、检修和更新。网络数据安全是指确保智能铀矿山设施能够安全、稳定运行，免遭恶意攻击，始终正常提供服务；确保铀矿山数据在采集、预处理、存储、分析及应用等环节，不被篡改、泄露，用户隐私得以保护，包括主机安全、网络安全、应用安全、数据安全及管理安全等。

六、效果分析

先进信息技术与铀矿采冶产业融合发展战略将加速推动中国铀业数字化转型，助推打造以铀为本，国际一流的科技型矿业公司，具体效果包括以下几个方面。

1. 建立先进信息技术研究与铀矿采冶融合创新高地

建立人才培养机制和行业顶级高校开展战略合作，在智能铀矿山基础技术研究方面培养一批复合型青年人才；进一步提升铀矿采冶设备智能化研究水平；形成数字化铀矿山自动化及信息化系统集成技术；依托云平台和数据中心支撑智慧院所建设。

2. 打造国际一流的天然铀资源开发企业

建立国际一流的铀矿资源开发大数据中心，为中国铀业分布全球的成员单位提供基础设施服务；通过中铀云平台实现全国范围内所有成员单位生产过程的在线管理；打造数据驱动、绿色智能、经济高效的天然铀数字产业新模式。

3. 初步建成智能铀矿山

在北方地浸采铀大基地的基础上，初步完成铀矿山智能化升级改造，构建智能铀矿山全面感知、自主分析、快速响应、精准执行和学习提升无人化生产模式；研制铀矿生产控制模型，实现抽注流量的自动调整和工艺参数的自动优化；开发设备管理模型，实现设备预维护；建成创新、绿色、协调、开放、共享的智能铀矿山，完成智能铀矿山示范工程建设。

七、进度计划

根据中核集团智慧核工业发展总体要求，结合中国铀业数字化建设发展目标，制定先进信息技术与铀矿采冶融合发展“三步走”计划：

第一步，到 2025 年，完善数字化基础设施建设，初步建立先进信息技术创新体系，突破一系列基于大数据、人工智能的铀矿采冶关键技术，通过重点示范工程，引领铀矿山人工智能建设。

第二步，到 2030 年，初步开展智能铀矿山建设，建立天然铀数据中心，打造中铀云平台，初步打通天然铀资源勘查采冶产业链，将中国铀业打造为融合应用示范标杆企业和人工智能科研领军企业；建立基于大数据的铀矿采冶智能分析模型，部分智能化技术应用在地浸采铀领域达到行业领先水平，支撑铀矿开发企业完成两化融合建设。

第三步，到 2035 年，推进天然铀全产业链与人工智能技术的深入融合，实现人工智能应用在全产业链的深度应用，初步建成智能铀矿山，通过数据赋能显著推动中国铀业产业创新升级、业务和经济实现跨域式发展，保障我国天然铀战略资源生产，助力集团公司生产力整体跃升。

八、结论建议

（一）结论

1. 企业数字化转型需要转变思想观念

企业数字化转型的成功急需转变管理观念、加强创新思路，理解数据作为企业关键生产要素的重要作用，实现经验主义到数据思维的转变，加速重构企业数字经济发展新模式。企业要结合实际制定具体的考核指标，落实各成员单位职责，将企业数字化发展水平放入企业考核体系，激发企业融合发展动力。

2. 先进信息技术研究应用需要持续资金支持

天然铀数字化建设较核电和石油、煤炭等行业起步较晚，特别是在地浸采铀专业软件设计、智能装备研发和基础理论研究等方面缺口较大，需要长期稳定的资金投入和项目支撑，以实现弯道甚至换道超车。另外，信息系统的长期稳定运行需要组建专业的信息化管理团队，实现对外协企业和项目的高效管理，以支撑中国铀业数字化转型高质量发展。

3. 两化融合发展需要企业人才发展战略保障

研究制定信息化专业人才发展规划，建立多层次的人才培养体系；鼓励成员单位与高等院校合作培养计算机科学、数据科学的跨专业复合型人才；支持员工参加高校、社会教育等机构培训，鼓励与外部企业联合共建大数据实训基地，加快引进外部优秀人才，培育大数据应用创新型人才。

4. 信息化建设需要切实加强网络安全保障

铀矿是我国重要的战略资源，促进先进信息技术与铀矿采冶融合发展必须切实加强网络安全保障。研究升级信息安全管理体系，形成常态化安全检查机制，以查促防，提升信息安全保障能力。加强个人隐私保护，防止数据被滥用、误用及盗用，切实提高整体信息安全防卫水平。

（二）建议

1. 加强组织领导

组建中国铀业智能铀矿山推进专项工作组，明确职责，加强统筹谋划和研究指导，开展督促跟踪，强化考核导向和指标设计，协调任务安排，协同推进、优势互补，推动各成员单位有序推进重大任务落地。统筹科研、设计、生产、应用等全周期业务链有效对接和协同配合，建立定期组织研讨交流，落实中核集团“数字核工业”总体部署。各成员单位结合实际，分解落实智能铀矿山建设目标任务，明确工作方案，建立健全分工合理、责任明确的业务推进机制。

2. 加大经费支持

把握“新基建”政策形势，积极争取国家不同渠道的政策、项目和经费支持。中国铀业统筹考虑不同渠道资金管理机制，积极完善资金集中管理方式，集中优势资源，推进重大项目，通过多渠道开展科研和建设项目，鼓励有条件的单位发挥资源优势，加快技术攻关和先导应用，自筹资金申请相关建设项目，加快技术攻关和先导应用，通过重点科研项目突破“卡脖子”技术的同时，逐步完善天然铀数字化基础设施建设。

3. 聚拢高端人才

加快智能铀矿山专业团队建设，拓展人才培养和引进渠道，加强技术培训和能力提升，培训数字化与业务领域结合的高端人才和创新人才，支持一批领军人才和青年拔尖人才成长。注重与专业机构、高等院校和 IT 等行业头部企业交流，拓展校企合作等人才工程项目，指导中国铀业智能铀矿山建设。

4. 保障信息安全

强化信息安全意识，落实信息安全责任，提高信息安全管理水平。加强先进信息技术条件下的网络安全防护和应急指挥能力建设，有效提升综合能力，做到关口前移，防患于未然。